Nicole - Biografía de mi (sub)consciente

Ana I Camp

Parte I

Así no más, de un escopetazo. Sus vidas terminaron, y nos dejaron especulando. Nadie entendía cómo había sucedido. Tampoco por qué sólo uno de ellos había sido enterrado y nunca habían bajado de la capilla al otro. Decidí escribirle a mi padre. Tenía que compartir con él una noticia que no terminaba de comprender. La envié sin remitente. Nunca respondería.

No entiendo bien qué me impulsa a escribirte esta carta. O sí, da igual. Hace unos días pensaba en vos, quería hablar; pero, como de costumbre, el tiempo se pasó, y quedó todo en una mera intención. Te extraño cualquier cantidad. Tengo la sensación de que cada vez me queda menos tiempo contigo. No sé qué voy a hacer el día en que realmente te deje de sentir. ¿A quién voy a acudir para que me acompañe? ¿Puedo ser tan egoísta de hacer pedidos en un momento así? Quería ponerte al tanto de algo que quizás ya sepas: Kiko y Teresa murieron. Sin embargo, en vez de pensar en ellos o en lo que sus hijos puedan estar sintiendo, pienso en vos, y en cómo te va a afectar todo esto. Sus muertes ya me han dejado un vacío; pero tengo que admitir, que es, simplemente, la tristeza que genera verme obligada a despedirte.
Egoísmo puro, lo sé. En estas cartas me lo permito.

Besos. Muchos, muchos besos,
Yo

Kiko Muñoz había sido su mejor amigo. Alguien a quien él consideraba un hermano y nosotros un tío, de los preferidos. Papá era un hombre serio, callado; pero, cuando llegaba Kiko, reía y hablaba sin parar. Mi primer recuerdo de este señor data de cuando yo tenía uno o dos años…, creo, sé que era mil novecientos sesenta y pocos, aunque a veces dudo; dicen que los recuerdos de esas edades son poco confiables. Pero él definitivamente me conoció antes. De eso estoy segura. Y, además, hay una foto que me muestra en sus brazos, cuando yo apenas había pasado unos pocos días fuera del útero de mi madre. Está tomada en las escaleras del portón de la iglesia adonde me iban a bautizar. Si no fuera por la foto, diría que se trataba del padrino de Ricardo, mi hermano mayor, y no el mío; pero igual lo quería mucho. Llegaba a casa e iba directo a nuestro cuarto. No al de al lado, adonde dormían mis padres y mi hermanita en un moisés. Hasta que no pasara los no sé cuántos meses de vida, a Deliana no la iban a trasladar al nuestro porque no había tanto lugar y porque, antes de hacerlo, mamá quería que durmiera una noche entera de un tirón. Kiko me saludaba a través de las rejas de la cuna en la cual yo aún dormía, aunque ya prescindía de pañales y de ayuda para salir de ella. Continuaría allí, a la espera de una cama de grandes, la cual tendría el día en que Deliana durmiera ocho horas. Recuerdo que esos odiosos barrotes servían para que el saludo de mi padrino fuera a distancia; no así el que recibía mi hermano. A él lo levantaba en brazos y le hacía cosquillas, u otras veces convertía la cama de Ricardito en un ring de boxeo mientras papá hacía de referí desde la esquina de mi cuna. Yo era la hinchada. La diversión se terminaba cuando entraban mamá y Teresa, la mujer de Kiko, a pedirles que dejaran de hacer lío. Bajo protesta, depositaban a Ricardito en la cama, me saludaban sin más que una leve sonrisa, mamá apagaba la luz, entrecerraba la puerta y se iban al living.

El departamento quedaba en Pocitos, uno de los mejores barrios del mundo, segundo únicamente a Carrasco. No me acuerdo quién de los mayores nos convenció del ranking, pero no se los negaría. Aún ahora, de grande, Carrasco es indiscutiblemente un barrio que gusta. Además, era donde íbamos a la playa los fines de semana, podíamos comprar frankfurters, Coca-Cola y helados. Únicamente los fines de semana. Era imposible ir a la playa en Pocitos los sábados, y ni hablar los domingos. Eso decían nuestros padres. Si era martes, por ejemplo, no había problema. Por lo tanto, durante la semana y antes de la hora de almuerzo, cruzábamos la rambla para hacer playa a tres cuadras de casa con mamá, mis hermanos, incluido el bebe de turno el cual iba en el cochecito y al cual los que caminábamos debíamos agarrarnos para cruzar. En la playa nos encontrábamos con las amigas de mamá y sus hijos. Los adultos y los que se acercaban a saludar nos diferenciaban por los apellidos y el color de nuestros trajes de baño. Cada familia tenía uno distinto. Era un dato importante dada la cantidad de chicos. Nosotros en esa época éramos sólo tres y los Muñoz cuatro. La otra familia que iba con nosotros a la playa nos ganaba, ellos ya eran seis.

Al final de la producción, los Muñoz tuvieron seis, nosotros llegamos a ocho y estos últimos, los Vacarezza, exageraron un poco: once. Por suerte, las mamás insistían en vestirnos iguales. Si los trajes de baño de las mujeres Vacarezza eran de un género en particular, los de los varones Vacarezza también. Si los nuestros eran con cuadritos, los Muñoz eran de un solo color; creo que se coordinaban los mayores para que las distintas familias no vistieran igual en un mismo día. Había únicamente dos estilos: con cuadrillé o sin él, excepto que fueran remeras; esas podían ser rayadas, no así los trajes de baño. Y cuando los otros tenían los cuadraditos, nosotros no. Sin mucha variedad, porque eran mujeres prácticas; además no buscaban simplemente tenernos a la moda. Vestirnos iguales les simplificaba más de una tarea. La más básica era eliminar por completo la elección del atuendo del día. Los hijos no abríamos un solo cajón de ninguna cómoda. Lo hacían ellas. Del primer cajón de arriba, mamá sacaba lo que debía ponerse Ricardito y, automáticamente, yo sabía lo que iba a salir del segundo cajón. Ellas decidían y nosotros obedecíamos. Vestirse de una manera u otra no era relevante, excepto en invierno cuando el género era de alguna lana que picaba. Lo importante era el destino final. Mientras nos vestían, nos ataban los cordones de los championes o abrochaban algún botón cuyo ojal fuera muy estrecho, nosotros preguntábamos adónde íbamos. Mucho no podíamos objetar, pero sí preguntar. En las preparaciones para ir al mar, que años después descubrí era río, si bien no podíamos elegir el traje de baño ni adónde se clavaría la sombrilla, sí era decisión nuestra la cantidad de juguetes que queríamos llevar; elección que pronto aprendimos, se convertía en un compromiso difícil de cumplir. Todo lo que iba tenía que volver y la misma persona que lo había llevado lo traía de vuelta. Al final del verano éramos unos expertos en transportar sólo aquello que entrara en un balde. En cuanto a qué comíamos, qué vestíamos o cómo nos peinábamos, volvíamos a la esencia de la relación: ellas decidían y los hijos obedecíamos.

La segunda aplicación práctica del uniforme era encontrarnos y sin dificultad. Por ejemplo, al llegar a la playa, y varias veces durante la estadía, las madres dejaban la esterilla, se ponían la mano en la frente a modo de visera y contaban en voz alta señalándonos con el dedo: uno, dos, tres y así hasta llegar a la cantidad que tuvieran. A veces, la de Vacarezza, acudía a su hija mayor para que la ayudara en el conteo. Teresa no pedía ayuda, y eso que el más difícil de ubicar era su hijo Ignacio. Tenía un año menos que yo, y era muy desobediente. Si todos nos embarcábamos en la construcción de algún castillo de arena, él esperaba a vernos agachados o arrodillados con los baldes, palas y rastrillos en mano, para dar unos pasos al costado y emprender una corrida desenfrenada al agua. Nos turnábamos para salir en su búsqueda, agarrarlo de lo primero que pudiéramos (daba igual si era el elástico del traje de baño) y arrastrarlo de vuelta a la zona de juego. Ignacio era travieso, pero espectacularmente lindo aunque nunca me gustó decir que un chico varón fuera lindo, pero era así. Sus ojos verdes brillaban en todo momento, se estuviera portando bien o mal, y su pelo ondulado a veces se tomaba el atrevimiento de esconderlos. Lo mejor de Ignacio era su risa, muy pero muy contagiosa. Era lo mismo si lo estaban retando o si veía algo que le hiciese gracia. Él se reía y nos hacía reír a todos. Para sus hermanos y para nosotros, era muy divertido, no así para los grandes. Daba mucho trabajo seguirle los caprichos. Los mayores en vano le daban consejos a Teresa para que dejara de malcriarlo.

-¿Por qué si sos tan estricta con los mayores, a este le dejas hacer lo que se le ocurre? Te vas a arrepentir. Nadie lo va a querer cuidar cuando quieras salir. Sabemos que es divino, pero hacelo por su bien.

Teresa no negaba que fueran buenos consejos, pero tenía una enorme debilidad y contestaba que aunque fuera inexplicable, no estaba en sus planes modificarlo.

-Yo tampoco lo puedo entender, pero este chiquilín me conmueve.

No podía disimular ni quería hacerlo. No generaba celos en sus hermanos supongo que tenía mucho que ver con lo cariñoso que era con todos ellos.

Los Muñoz se llevaban tres años entre sí. Las dos mayores eran mujeres, después venía Felipe, otra mujer, Ignacio y otra mujer. Para el tercer cumpleaños de Ignacio tuvimos que hacerle la fiesta en casa y Kiko sólo pudo venir un rato. Teresa estaba en el sanatorio con Pilar, la última de los Muñoz. Había sido una procesión perfecta de embarazo, lactancia y vuelta al embarazo durante el cual el anterior debía aprender a ir al baño solo.

-Tener dos bebés en etapa de pañales, es lo peor que te puede pasar – decían Teresa y mamá.

Marta Vacarezza las escuchaba y sonreía.

Felipe, el otro varón de los Muñoz, tenía la edad de mi hermano y, además, una pista de tren eléctrico en su cuarto. Una muy grande para nuestros parámetros y nuestro tamaño. Llena de casitas con techos de teja que en realidad eran cartones dibujados y coloreados, varias pilas paradas en intervalos con bombitas cumpliendo el rol de postes de luz, rieles y vagones que recorrían en curvas o rectas montañas de corcho atestadas de ramitas que simulaban ser pinos y árboles que nunca habíamos visto. Cada vez que podíamos le pedíamos a Felipe que nos dejara verla; recuerdo la expectativa que generaba descubrir nuevos detalles que se agregaban día a día y aportaban a la realidad de la imagen. Estaba armada sobre una tabla que en algún momento había sido una puerta; Kiko, junto con Teresa, había construido un esquema de cuerdas y roldanas para izar la ciudad diminuta a la hora de dormir, o bajarla y apoyarla sobre unos caballetes para que su dueño jugara y los ocasionales espectadores pudiéramos mirarla. Tocarla no estaba permitido y, en ese tema, Felipe contaba con nuestro respeto y obediencia por no decir temor. Hubo intentos de agarrar uno que otro control que terminaron en una patada o un tirón fuerte de pelos. Así que mirábamos y no tocábamos. Esa era la consigna y hasta el día en que Ignacio decidió romperla, el tren y su ciudad se mantuvieron intactos. Fue durante un sábado a la mañana, recién a principios de otoño, en la que nuestras madres se habían ido a la feria, el mejor lugar para hacer las compras. A nosotros nos dejaban un par de horas esperando en casa a que volvieran y trajeran algo más que verduras. A veces, en alguna de las bolsas, aparecía una más chiquita con una decena de bolitas o, si nos habíamos portado extremadamente bien, podíamos soñar con un autito matchbox para cada uno.

Ese día dio igual qué compraron, porque nadie recuerda el contenido de las bolsas o si había bolsas. En lo de Muñoz, durante la ausencia de Teresa, Ignacio había tirado una pelota al techo, dentro del cuarto de Felipe, con tanta mala suerte que la pelota había rebotado en la pared e inmediatamente después, impactado en una de las roldanas que sostenían el tren eléctrico. La estructura entera se inclinó y parte de los vagones, las pilas y algunos techos sufrieron daños irreparables. Al escuchar el ruido y la carcajada de Ignacio, Felipe dejó su desayuno y disparó hacia el cuarto, gritándole a su hermanito que si lo agarraba lo iba a matar. Que nunca lo iba a perdonar. Eso gritó y muchas cosas más. Cosas que yo escuché en casa varias veces cuando a mi hermano mayor le faltaba algún soldadito, o cosas que yo misma dije para mis adentros cuando estábamos sentados en el muro de la rambla y alguno de mis hermanos se hacía el gracioso y tiraba la alpargata a la arena. Mamá primero retaba al culpable y después nos sacaba a todos las alpargatas para bajar, de vuelta a la playa, a buscar la que se había extraviado. Ninguno podía ir solo, por miedo a que lo agarrara alguna gitana y el resto no podíamos quedarnos por miedo a que cruzáramos y nos atropellara un auto. Mamá también nos gritaba cosas como las que le dijo Felipe a Ignacio ese día. Ignacio sabía que el tren era distinto al resto de los juguetes; por las dudas, buscó asilo en el cuarto de sus hermanas. Lo escondieron adentro del placard y le guiñaron un ojo en complicidad. Te avisamos cuando puedas salir, no te muevas, le dijeron. Felipe dejó de buscar y se propuso ordenar parte del arruinado juguete. Las chicas salieron a la vereda, a jugar a la rayuela, antes de que la lluvia, que estaba pronosticada, la borrara por centésima vez.

Mamá y papá habían dicho que nos iban a llevar al cine después de la siesta y mientras tanto, nosotros, si queríamos, podíamos ir a ver el tren de Felipe. Los planes cambiaron. Papá volvió temprano de su partido de tenis. Pálido, muy pálido. Normalmente volvía con la cara hecha un tomate, y discutía con mamá porque ella le pedía que fuera más cuidadoso a su edad, con tanto calor, y él le decía que no dijera más a tu edad. Pero ese día no había hecho tanto calor y, por lo visto, tampoco papá había jugado mucho al tenis. Desde la puerta le dijo algo en francés, y ella se cubrió parte de la cara con las manos. Pregunté por qué tenía gesto de puchero pero mi hermano me dijo que no inventara, que mamá nunca lloraba y en eso tenía razón. Esperaron a que llegara el hijo mayor de nuestros vecinos para que nos cuidara, y nos dieron instrucciones a nosotros, y a él especialmente, de que no saliéramos de casa hasta que volvieran. Cerraron la puerta y quedó un halo de misterio que, a nuestra edad en ese momento, se disipó en cuestión de minutos.

Volvieron en intervalos durante todo el fin de semana. Venía un rato papá, se iba y después venía mamá pero también se iba. Estuvimos así hasta el lunes a la tarde cuando por fin se pudo volver nuestro vecino a su casa, y nosotros a comer algo que no fueran tostadas con manteca. Como los días estuvieron feos no pedimos salir a la vereda ni tampoco ir al jardín de los Muñoz. Hasta el martes, después del colegio. Preguntamos si podíamos ir a lo de Felipe a ver el tren. Ni ese martes ni ningún otro pudimos volver. El tren ya no estaba más, se había roto y nos dijeron que Felipe no quería que se lo arreglasen. Lo habían desarmado y guardado en el baúl grande del garaje, uno que usábamos para jugar a las escondidas. Ricardito protestó:

—¡No vale! ¡Nos quedamos sin dos juegos!

Es que el lugar favorito de Ignacio cuando jugábamos a las escondidas era el baúl, y todos lo sabíamos, pero pretendíamos no encontrarlo hasta que él mismo no aguantaba más, se asomaba por alguno de los tantos agujeritos, y se reía. Alguien levantaba la tapa, gritaba ¡pica Ignacio!, simulaba empezar a correr, pero no lo hacía. A él nunca le tocó ser quien buscaba, a mí sí. Porque yo podía contar del uno al veinte, y eso que era casi tan chica como él, pero igual me daba bronca. De ese sentimiento me arrepentí cuando fui más grande, y la culpa me acompañó por muchos años.

No lo supimos ese mismo día, recién nos enteramos a la semana siguiente cuando volvía a ser domingo. Habíamos pedido que nos llevaran a la casa de los Muñoz. Hacía un calor espantoso en el departamento. Sabíamos que no había tren, pero igual queríamos mojarnos en la piletita. Eso tampoco está en lo de Muñoz, nos dijo papá. Además del tren y del baúl, también faltaba la piletita inflable; pero había otra mala noticia. La que más nos sorprendió, y que apenas pudimos escuchar:

—Ignacio tampoco está más… —y se vino la tos.

Esperamos un rato a que se les pasara, pero no hubo caso. Entonces empezaron nuestras preguntas. La mía fue simple pero igual no la contestaron porque seguían tapándose la boca y parte de la nariz:

-¿Adónde se fue?

Nada. Ricardito no preguntó. Dijo que ya sabía. Estaba seguro de que lo habían mandado pupilo a algún colegio; era la amenaza de mamá cuando él se portaba mal: lo ponían en penitencia y le decían que, si no hacía caso, iban a mandarlo pupilo. Y como Ignacio se portaba mal muy seguido, la conclusión de mi hermano tenía su lógica. Papá y mamá negaron con la cabeza y no preguntamos más. En nuestros diminutos estómagos, creo que vivimos la primera sensación parecida a la nostalgia. Nos ponía muy triste la idea de no ver nunca más el baúl o el tren o la piletita, pero más que a los juegos, lo que extrañaríamos, y mucho, sería a Ignacio.

A nuestros padres también tuvimos que extrañarlos un poco más que de costumbre porque iban muy seguido a lo de Muñoz o a la iglesia, y no únicamente los domingos. Papá no lo hacía normalmente, no acompañaba a mamá ni siquiera los domingos. Él prefería quedarse con nosotros y hacernos huevos pasados por agua, los huevos más ricos que comí en mi vida, se lo dije de chica y se lo repetí muchas veces de grande. Ricardito decía que eran los más divertidos y también lo repitió, aunque no tanto. Supongo que por ser varón o porque siempre fue bastante reservado con sus palabras. Nos gustaban y divertían porque papá se quemaba los dedos cuando los pelaba, los hacía saltar entre mano y mano con gestos de sufrimiento exagerado.

No fuimos al entierro, porque éramos muy chicos, y prefirieron decirnos que Ignacio se había ido al cielo a jugar con Jesusito. No teníamos idea de cómo lo iba a hacer ni nos lo iban a aclarar, pero, poco tiempo después, el hijo de nuestro vecino nos dio los detalles que nuestros padres habían obviado.

-El cuerpo lo meten dentro de una caja y esa caja la ponen en un agujero y después tapan todo con tierra para que crezca el pasto, y sea más lindo ir a visitarlo. O meten la caja en unas casitas junto con otras cajas de gente de la misma familia.

-¿Y cómo juega en una caja? Nicole, no le creas nada, el cielo es lindísimo y la gente no come tierra todo el día.

Sorprendida con la verborragia y buena intención de Ricardito, casi se me borró la horrorosa imagen de Ignacio sufriendo dentro de tanta oscuridad. Pero el vecino no daba tregua.

-No juega ahí adentro. Sólo se queda hasta que se decida si fue bueno o malo y después lo vienen a buscar o Jesusito o el diablo.

Cuánta gente había en Montevideo con capacidad de asustarme. Gitanas, Ricardito y se sumaba, el hijo del vecino. Sus padres y los nuestros se pusieron furiosos cuando escucharon el cuento que nos había hecho; sin embargo, no nos ofrecieron más explicaciones, sólo una aclaración. Parece que ese chico estaba equivocado, que había entendido al revés. Sólo las personas que se portaban mal se iban debajo de la tierra a esperar a que

Jesusito los llamara. Ignacio iba a ir directo al cielo porque había sido travieso, pero no malo. Y si le hubiera hecho caso a los grandes, no se hubiera metido a la piletita sin avisar y sin saber nadar.

Esa explicación nos puso mucho más tranquilos pero igualmente, durante varias semanas, fuimos bastante más obedientes de lo que acostumbrábamos. Por mucho tiempo no vimos a Kiko ni a Teresa, y si jugábamos con Felipe era en la vereda; nunca más volvimos a entrar en la casa de los Muñoz en Pocitos. Años más tarde se mudaron a Carrasco. El tren eléctrico, el baúl y la piletita no fueron con el resto de los muebles. Cuando preguntamos nos dijeron que el señor que había hecho la mudanza se los había olvidado en el camión.

No nos teníamos que poner tristes, los Muñoz se habían ido cerca, repetían los grandes y nos convencían por ratos. Nosotros tratábamos, y a veces hasta llegábamos a creer, que era cierto; a Felipe y a sus hermanas tardaron más en convencerlos. Cuando nos juntábamos en la playa se quedaban siempre al lado de Kiko o de mamá, y rara vez iban al mar.

Nuestra vida en Montevideo siguió como de costumbre hasta el día en que mamá nos sentó en el living, un lugar reservado para gente grande, y nos habló tan en serio que pensé que alguien más se estaba por ir a ver a Jesusito.

-El mes que viene vamos a viajar en avión todos juntos. Papá tiene que ir a trabajar a otro país y nosotros vamos a acompañarlo.

-¿Qué país?

-Colombia.

Lo mismo hubiera dado que nos dijeran Mozambique, porque no teníamos idea de adónde quedaba ningún otro país que no fuera Uruguay, Argentina o Brasil. Mi hermano pidió detalles.

-¿Es grande el avión? ¿Cuántas turbinas tiene?

Qué manera de complicarse el panorama. Colombia y turbinas. Pero daba igual, porque me divertía todo aquello que fuera sorpresa. Me divertía entonces y me apasiona ahora, de grande.

Al momento de mudarnos, entendí por qué mamá ponía tanto cuidado en marcar cada caja y cada valija con números y letras. Uno, copas y vasos; dos, ollas y otros cocina; tres, ropa invierno; quince, juguetes Ricardito. Teníamos experiencia en cuán bien se manejaban los inventarios de las mudanzas. A ver si mamá se olvidaba de anotar algo y se quedaba en Uruguay dentro de un camión, al cual nosotros no podríamos seguir. Nos íbamos un día, y las cosas iban a llegar como un mes después porque así se hacían las mudanzas entre países. El porqué ni lo preguntamos, ella se encargaba y no tenía tiempo de preocuparnos.

Y llegó, por fin, el día del viaje, uno de los que más esperé en mi vida. Mamá nos había comprado cuadernos para colorear y una caja de doce lápices de colores Caran d'Ache, una marca buenísima que teníamos que cuidar porque no sabía cuándo nos iba a poder comprar otros iguales. A Ricardito, además, le dieron diez soldaditos para agregar a su colección, la cual iba en alguna de las tantas cajas que salieron con el camión. A mí me agregaron dos rompecabezas de cubos. Encantada le dije a papá que tenía muchos, él sacó un lápiz y un papel, y me enseñó a multiplicar dibujando palitos. Había tenido razón en ponerme contenta, eran doce rompecabezas; buenísimo porque ya me habían dicho que el viaje iba a ser muy largo. No podíamos abrir ninguna de las cosas nuevas antes de que despegara el avión y, para asegurarse de que no lo haríamos, metieron todo en dos valijitas de cuero marrón claro, que se cerraban con dos botones plateados. Ricardito ya tenía una de ellas, porque él había empezado a hacer deberes en el colegio y la necesitaba. Esa me la pasaron a mí para el viaje y a él le compraron una nueva. Y si tenía mucha suerte, en el colegio del otro país, a mí también me darían muchos deberes para usar la valija.

Familias enteras llenaron el aeropuerto para despedirnos. Los chicos nos pedían ver qué llevábamos para el viaje, y los grandes, por suerte, estaban muy ocupados como para vigilarnos; por lo tanto, cada dos por tres, Ricardito o yo desabrochábamos con mucho trabajo las valijitas y mostrábamos orgullosos su contenido. Hasta que uno de los chicos gritó:

—¡Mamá!, ¿me comprás una igual? ¡Mirá, tienen lápices de colores!

Esa mamá no fue la única que lo escuchó, también lo hizo la mía, lo cual no era de sorprender: escuchaba todo.

—Te dije que no la abrieras hasta que no subiéramos al avión. Dame eso. Vos también, ¿te das cuenta que no se les puede dar nada? Parece mentira.

Esas últimas dos palabras nos golpeaban directamente en el corazón, causaban un efecto muy profundo. Por lo tanto, cuando los grandes se dieron vuelta, nos vengamos del idiota que había gritado. Yo le saqué la lengua, pero Ricardito fue más eficiente: le dio una patada. El gritón no emitió ningún sonido, supongo que temía otra peor. Asumió el castigo, se fue enojado y, de pasada, sacudió el cochecito de Deliana. No lo vimos más hasta que estuvimos sentados adentro del avión. De todo lo que nos dijeron al salir, del millar de abrazos que recibimos, sólo recuerdo un comentario. Fue cuando alguien preguntó por los Muñoz. Ni idea quién fue. Me encantaría haberme dado cuenta. Le hubiese pedido que fuera más discreta, que los chicos tenemos mucha imaginación.

—Se fueron temprano. Kiko estaba muy mal y además tenía que ir a acompañar a Teresa. ¿Podés creer que todavía no sale de su casa? Te digo que si no habla con alguien, va a pasarse una vida pidiendo perdón.

Escuchar que una persona mayor pidiera perdón me sorprendió. Sólo había experimentado la necesidad de disculparnos los chicos con los grandes. Suponía que al crecer, sabría lo suficiente como para evitar errores y arrepentimientos. El comentario me llenó de dudas.

Mientras caminábamos hacia la escalera, todas las personas que habían ido a despedirnos subieron a la terraza y nos gritaban desde allí. Mis padres se daban vuelta y trataban de responder, pero había mucho viento en la pista y eso creo que era lo que los hacía toser. Se limitaban a mover el brazo que tuvieran disponible y a retribuir con una sonrisa, breve, porque después les agarraba otra vez la misma tos que cuando nos dijeron que Ignacio se había ido con Jesús y tenían que bajar la mano para taparse la boca. Además, liberar un brazo o una mano no les era fácil. Mamá llevaba su cartera y a Deliana, que después de haber sido sacudida, no paraba de llorar. Y papá, además de tener que ocuparse de los pasaportes, estaba a cargo del cochecito y de nuestras dos valijas. Tenían razón cuando nos decían que no nos hubiera costado mucho portarnos bien en el aeropuerto. Ahora nos jorobábamos todos.

    El avión estaba buenísimo. En la primera fila se sentó mamá porque tenía lugar delante de las piernas para poner la cuna (que en realidad era la parte de arriba del cochecito, la parte de abajo se la había llevado la azafata a un placard de ruedas que tenían los aviones). A su lado se sentaron dos señores vestidos igual a papá, con valijas como las nuestras pero negras. Estaban serios y un poco enojados. Parecía que Deliana no iba a dejar de hacer ruido nunca. Pero mamá demostró, una vez más, que tenía control de la situación. Le puso el chupete a Deliana y, juraría que, casi en simultáneo, con la misma mano sacó una mamadera del bolso y la entregó a la azafata para que se la calentase, sólo un poquito. Era la de la noche, la que tenía una leche gruesa y un agujero enorme. Nuestra hermanita no iba a molestar ni cuando la estuviera tomando ni cuando la terminara. Nosotros nos sentamos con papá en la fila justo detrás de ellas. Vimos que cada uno iba a tener su propia mesita, que salía del respaldo del asiento de adelante, y por supuesto Ricardito la abrió antes de que papá pudiera frenarlo. En cuestión de segundos, nos tuvimos que poner el cinturón y la mesa volvió a su lugar. Me sentaron al lado de la ventana, Ricardito en el medio, y papá en el pasillo. No era la mejor distribución para evitar peleas, pero estábamos tan contentos con el viaje, y tan ilusionados con las valijas, que no íbamos a dar problemas. Por la ventana pudimos ver al chico que había gritado. Estaba en la terraza al lado de su primo y apuntaba con una honda directamente hacia nosotros. Papá nos dijo que era imposible que nos diera desde tan lejos. Yo igual estuve mucho más tranquila cuando el avión empezó a moverse. Parte de mi estómago se fue para arriba cuando despegamos, igualito a lo que sentía en la montaña rusa, pero cuando bajaba. A mí me gustaba sentir la barriga en la garganta, no era el caso de Ricardito. Tenía un poco de miedo, porque cuando era muy chiquitito, se había subido a una escalera de un tobogán y, en vez de bajar sentado por la parte de metal, había mirado para atrás y se había caído sobre las piedras adonde estaba apoyada la escalera. Según el cuento, el golpe había sido durísimo y lamentablemente no se le había abierto la cabeza; se la tuvieron que abrir en el sanatorio. No me habían dejado ver la herida inicial, sólo pude mirar la cicatriz después de que le sacaran la venda y de que se despertara de un sueño que le duró más de dos noches y no podían despertarlo para llevarlo a casa. Cuando vi su cabeza también sentí que se movía mi estómago, pero esa vez no me gustó. Menos me gustó la piña que me dio cuando le toqué la parte que estaba pelada. A él le quedó miedo de subir o bajar escaleras altas, a mí me quedó miedo de que él tuviera miedo. Hasta cuando fue muy grande, usó ese golpe como excusa para portarse mal o hacer macanas. Cuando lo iban a retar, decía que le dolía la cabeza, y los grandes dejaban de enojarse con él; a todos les asustaba la cabeza de Ricardito. Muchos de esos miedos desaparecieron cuando le creció el pelo.

Hola Ignacio y Papá Noel,
Les escribo a los dos juntos porque tengo sólo un papel. Estoy dentro de un avión. Nos vamos todos a un país que se llama Colombia, ojalá que sea lindo y que me guste vivir ahí muchos años. Papá Noel, quiero que sepas que voy a estar en Bogotá para Navidad. Te voy a mandar una carta en diciembre con los otros regalos que quiero, pero, por si me olvido, hay uno que me gustaría más que todos. Que venga Lena a visitarnos. Es para mí y también para mamá. Sus amigas le dijeron que va a estar un poco sola, y como ella ya no te manda pedir nada, te lo pido yo. Ignacio, cuando nos fuimos, les di un beso a tus padres de parte tuya. Les dije que, como el avión pasaba cerca del cielo, iba a tratar de verte. Hace un rato le pregunté a papá en qué nube estabas y me dijo que, si no te encontraba, que no me preocupara, que saludara por la ventana cada tanto. Después me dijo lo mismo de siempre: que usara mi imaginación. Voy a saludar a todas las que pasemos. Hasta ahora, mi imaginación no anda muy bien.
Un beso a los dos,
Yo

No recuerdo exactamente lo que pasó cuando llegamos al aeropuerto de Bogotá, pero sí lo raro que resultó encontrarnos con la casa nueva, adonde nos íbamos a quedar por un par de años. Estaba pegada a las de al lado, como las de Pocitos pero no igual y, aunque tenía jardín, tampoco se parecía a las de Carrasco. Adentro, tenía dos pisos y el cuarto que iba a compartir con Deliana era enorme, según mis parámetros de lo que era un cuarto. En vez de poner nuestra ropa en una cómoda, mamá usó todo un placard con muchos estantes y cajones. Tampoco era igual al de Montevideo: en Bogotá se llamaba closet y su interior era, en las palabras de los grandes, de una madera excelente. Menos mal porque, al poco tiempo de llegar, casi todas las maderas del closet hicieron un ruido espantoso y se movieron de un lado a otro, pero no se rompieron. Era de noche cuando escuché lo que parecía ruido de tambores y después empezaron a abrirse y cerrarse todas las puertas. Mamá y papá nos hicieron upa al último bebé uruguayo de la familia, a Deliana y a mí, y le dijeron a Ricardito que no se preocupara por ponerse las chinelas, que no había tiempo, que bajara rápido con el resto de la familia. Cuando íbamos por el cuarto escalón, vimos a la señora que nos cuidaba subiendo por la misma escalera.
—Que Dios los bendiga a usted y al señor, y a los niños.
—A usted también, Concepción, pero por el amor de Dios no suba, baje.
Nos quedamos todos debajo del marco de la puerta de entrada. Los vecinos de enfrente hicieron lo mismo. Esperé un rato, pero no pasó nada raro ni vi a nadie por la calle. Supuse que íbamos a ver un desfile de cabezudos, pero en Bogotá no había carnaval. Hacía mucho que no me levantaban en brazos para bailar y menos, sin música. Los tambores ya no sonaban por ningún lado, y las cosas de la casa habían dejado de moverse. No así las

rodillas de mamá. Al igual que sus brazos, con los cuales me sacudía para todos lados aunque sin ritmo alguno. Miraba para adelante y para abajo a ver si Ricardito seguía agarrado al pijama de papá, a Concepción que estaba muy blanca y escuchaba divertida la conversación de mis padres:

 -Quietos, escuchen, se viene el Cachocatutango.

 -¿Podés dejar de asustarlos?

 -No nos da susto - le dijo Ricardito a mamá - el Cachocatutango es buenísimo. Sólo mata a los gorilas malos.

 -Es verdad, no tengas miedo, usa tu imaginación.

Por primera y última vez, papá sonrió ante un comentario mío. Me alegró también que mamá nos hiciera caso. Entre los movimientos de sus brazos, y los míos, ya me había dado varios cabezazos contra el marco. Fue sin querer, por supuesto. Quizás podíamos haberlo evitado si yo hubiese dejado de buscar por todos lados al gorila tanguero, siguiendo los dedos y las palabras de papá y de Ricardo:

 -¡Ahí está!-

 -¡No, ahí!-.

Mamá nos dijo que lo había visto dando vuelta la esquina y no buscamos más porque además ya todo se había calmado, y era muy probable que el monstruo no viniera a bailar nada por el resto de la noche.

Terminado lo que días después supimos que había sido un temblor, volvimos cada uno a sus camas, aunque nos costó bastante dormirnos. No sólo había demasiadas cosas nuevas en Bogotá, las pocas a las que nos íbamos acostumbrando se movían para todos lados.

Mamá no tardó en encontrarnos colegios y su elección fue excelente. Deliana y el bebé todavía no irían a ningún lado, pero a Ricardito y a mí nos aceptaron en dos distintos; uno era sólo de varones, y el otro quedaba cerca, pero sólo de chicas. Me encantó el uniforme. No tenía el famoso bomachudo que nos hacían usar en Montevideo. Era un papelón. Íbamos con jumpers y los chicos con pantalón corto, pero a nosotras, los días en que había gimnasia, nos hacían llevar los bombachudos debajo del jumper. Nos habían explicado que de esa manera no teníamos que perder tiempo en cambiarnos, cosa que sí les pasaba a los varones. A ellos se los llevaban al patio para que se pusieran los championes mientras nosotras nos sacábamos el jumper y teníamos que salir, cabizbajas, sabiendo lo que nos esperaba.

 -¡Están en bombacha!

 -¡No son bombachas! ¡Son como shorts, pero con elástico!

 -¡Les vemos la bombacha, les vemos la bombacha!

En Colombia pude levantar mi cabeza para las clases de gimnasia. El equipo era una remera blanca y un short verde. Además, las bombachas se llamaban calzones y no existían los bombachudos ni prendas similares. Tampoco hubiese sido un problema, porque no había varones en el recreo, ni en la clase, ni en ningún lado. Y cuando llegaba a casa, me daba igual si Ricardito me molestaba: le quedaba menos tiempo para hacerlo. No compartíamos más que el té y la comida. Y la parada, que era para buses distintos pero en el mismo lugar y a la misma hora. Nos llevaba Concepción mientras mamá tomaba su desayuno en la cama.

Concepción tenía varias responsabilidades. Era también la encargada de que estuviéramos peinados antes de ir al cuarto de mamá para despedirnos, momento no siempre agradable. Si nos peinaba mal, teníamos que volver a despedirnos tantas veces como fuera necesario hasta que, en mi caso por ejemplo, mi pelo finito y lleno de nudos estuviera bien recogido en una media cola… lo cual implicaba desenredarlo. No siempre, pero a veces, yo protestaba cuando me jalaba el pelo. Concepción se enojaba, dejaba el peine en el baño y salía hacia el cuarto de mamá. Yo la seguía. Sosteniendo el peine, lleno de mechones anudados.

-Señora, la niña no se deja peinar.
-¡Me duele! ¡Jala mucho!
-¿Será posible, Nicole? A ver, dame el peine.
-¿Por qué no puedo peinarme sola?
-Nicole, no me hagas repetirlo…

Humillada y con resignación, volvía al baño junto a la señora de uniforme blanco. Hacía un rato se había enojado conmigo, y ahora me mostraba una sonrisa de ¿vio que yo tenía razón? Me daba igual. Cualquier cosa era mejor que darle el peine a mamá, especialmente después de que dijera o insinuara la frase: estoy perdiendo la paciencia. Esas palabras me causaban una mezcla de sensaciones. La más fuerte era la de huir antes de que se le perdiera por completo. Nunca nos dio ni una palmada en la cola, pero creo que fue porque la mayoría de las veces no llegábamos a hacérsela perder del todo. Más de una vez Ricardito consiguió que esa paciencia desapareciera a tal punto que ella no tenía más remedio que meterlo en el baño oscuro, mientras iba a buscar su paciencia a la cocina o a su dormitorio, en algún cajón. Algunas veces traté de ayudarla abriendo otros cajones, pero me di cuenta de que sólo ella sabía adónde estaba, y era mejor que yo buscara algo más que hacer. Me dediqué a los rompecabezas; y, cuanto más se escondía la paciencia de mamá, mayor era el número de piezas en la caja. Aparecieron otros pasatiempos, como dibujar mapas, encontrar las capitales de cada país en el mapamundi y después de escribirlos con distintos colores, sacar el azul para rellenar los bordes que correspondieran a aquellas líneas que delineaban una costa. A medida que pasaron los años, pude experimentar con papel de calcar y después de delinear los continentes, países y demás divisiones, daba vuelta el mapa y rellenaba con los mismos colores por el revés. Si la penitencia de Ricardito era importante, tenía tiempo de armar un puente con legos en el cual hacía varias columnas de anchos distintos y ponía puntajes en papel con cinta scotch arriba de cada apertura. Cuanto más angosta, mayor el puntaje. Cuando salía el castigado, jugábamos a embocar canicas desde una cierta distancia. El que obtenía el mayor puntaje podía quedarse con las canicas que quisiera.

A veces, cuando no estaba en el baño oscuro o en el colegio o durmiendo o compitiendo conmigo a las canicas, Ricardito sacaba su colección de soldaditos y su imaginación. Armaba dos fuertes con legos y piedras, y dividía a los soldados de tal manera que hubiera por lo menos dos ejércitos, cada uno con un general que daba órdenes con palabras que nos había enseñado papá y que los soldaditos entendían. Los mandábamos a excavar fosas, a tomar posición de ataque, otras les ordenábamos ponerse a la defensiva, escondíamos un bando del otro para que luego aparecieran por la retaguardia. Los ejércitos acorralaban al enemigo, lo debilitaban, se aprovisionaban, y guardaban municiones. En fin, nuestros soldados respondían acorde a la orden y el tono que tomáramos al darlas. Las canicas hacían de bombas, las gomitas nos ayudaban a dispararlas y, cuando no lográbamos aniquilarlos, hacíamos que se metieran en las trincheras y definieran nuevas estrategias o tácticas. Me encantaba ese momento en el que podía revisar mi plan, el cual normalmente fallaba. De tanto cambiarlo, dejaba de ser una estrategia y se convertía en un montón de tácticas desordenadas. Cuando mis soldados estaban todos muertos, y la bandera del enemigo era plantada sobre el fuerte de los vencidos, papá trataba de explicarme cuál había sido el error. Imposible. Él hablaba en un tono muy bajo y yo me tapaba las orejas, porque no quería escuchar a Ricardito cantar, triunfante, la marcha de San Lorenzo fue una de mis canciones preferidas pero no cuando él la cantaba.

El trabajo de papá lo llevaba a hacer muchos viajes, de pocos días, al interior del país, cosa que dejaba a mamá sola, con nosotros y con Concepción. Durante el día ya no le dábamos trabajo, y tampoco tenía que ocuparse de su marido a la noche. Por lo tanto, aprovechaba para juntarse con las mujeres de otros señores que también viajaban y tomar clases de bridge. Se resolvieron unos cuantos problemas, especialmente durante los fines de semana y las vacaciones. Como en Bogotá no podía llevarnos al mar antes de almorzar, íbamos al club adonde ella jugaba al bridge. Y como en el club no había peligro, porque tenía una entrada con señores de uniforme que no nos dejaban salir sin los grandes, las madres no tenían que quedarse cerca de nosotros ni tampoco interrumpir sus actividades para llevarse la mano a la frente y contar hijos. Igualmente tomaban algunas medidas de precaución. Mamá, por ejemplo, llevaba a Concepción, y nos dejaba con ella en el lugar de los chicos. Que era enorme y tenía una confitería, muchos columpios que para mí eran iguales a las hamacas de madera que había en Pocitos, toboganes, y sube y bajas. También había un laberinto hecho con plantas altas. Si queríamos algo de comer o se nos desataban los cordones, era Concepción a quien debíamos recurrir. Y lo hacíamos. Nos acercábamos despacito, y, aunque solucionaba el problema, no se nos escapaba la cara de enojada que ponía porque no la dejábamos estar tranquila con sus amigas: un montón de señoras con el mismo uniforme blanco. Ellas también iban a cuidar niños que, al igual que nosotros, no hacían más que fregarles la paciencia. Al salón de bridge podíamos asomarnos sólo cuando tuviéramos algo muy urgente. A la cancha de golf, nunca. A base de prueba y error, entendimos que en la categoría de urgente no se encontraban ni el pedido de invitar un amigo a dormir a casa ni las ganas de comer dos colombinas en vez de una. Sólo se aceptaban heridas con sangre o algún golpe en la cabeza, con o sin sangre. Los de la cabeza sin sangre eran los peores; con esos teníamos permiso para entrar al salón, a los gritos si queríamos.

Aunque Ricardito y yo no sabíamos jugar al bridge, se convirtió en uno de nuestros juegos preferidos. Porque nos abrió las puertas al club del Country, que tenía de todo. Por un lado, el lugar de chicos con señoras de blanco que nos cuidaban y, por otro, al cabo de unos meses, descubrimos una piscina cubierta, ancha y muy larga; de esas que siempre tienen agua, no como la piletita de los Muñoz a la que sólo podían llenarla los grandes con la manguera, y en el verano. Además había canchas de tenis, pero no podíamos usarlas. Tuvimos que crecer unos cuantos centímetros antes de poner un pie en el impecable polvo de ladrillo. Había también varias canchas de golf; unas con agua, y otras no tan difíciles. Era un sistema ideal para toda la familia. Papá podría aprender en las fáciles sin perder pelotas y se pasaría a las que tenían lagos cuando mejorara el swing. A juzgar por sus quejas, no parecía que hubiese cambiado nada, excepto quizás el presupuesto de casa. Supongo que lo habían ascendido y le habían subido el sueldo, porque no dejó de perder pelotas ni de quejarse, pero sí cambió de cancha.

Tanto nos gustaba el club, y tan poco nos gustaba molestar a Concepción, que Ricardito y yo nos inscribimos en el equipo de natación, cosa que nos permitió ir dos días más que de costumbre y entre semana. Después de tomar las onces que se parecían mucho al té, mamá nos llevaba al entrenamiento y se iba a casa a cuidar a Deliana y a los demás bebés. Por años, hubo alguno más, en su panza o en el moisés. Si bien era divertido que aparecieran nuevos integrantes en la familia, también nos generaban algunos inconvenientes en la rutina diaria. A medida que crecían nuestros padres, disminuía su tolerancia a una criatura que sufriera de cólico o que cambiara los dientes. Para no escuchar el incesante llanto, y conscientes de que nada había que lo resolviese, rodaban el contenedor hacia nuestro cuarto. El de las mujeres; porque a los varones no se les podía confiar, nunca iban a tener nuestra paciencia. Durante esas noches ruidosas y en las mañanas siguientes, mis hermanos más chicos pasaban a ser una experiencia desagradable. Nada para recordar, poco para contar en el colegio. Sin embargo, eran aceptados casi incondicionalmente en cuanto pasaban a la etapa en la que podíamos incluirlos en algún juego o en un intercambio de carcajadas. Por años igualmente consideré que la familia estaba dividida en dos tandas, la primera consistía en aquellos que habíamos caminado hacia la rambla con alpargatas y con los Muñoz en su versión completa; y la segunda, compuesta por quienes sólo la conocieron a través de cuentos o de algún viaje de vacaciones y a quienes el nombre de Ignacio no significaba más que una historia. No un manojo de recuerdos y de sensaciones estomacales. A medida que fuimos dejando casas y relaciones, variando de acentos y de paisajes, los más chicos se incorporaron a mi vida de tal manera que a veces nos olvidábamos de que había existido una época en la que los dos grupos diferían en sus memorias.

Igualmente, sólo los que cumplíamos años con dos dígitos accedíamos a algunas actividades: el equipo de natación o sentarnos en el comedor de los mayores. Por lo tanto, mis recuerdos más consolidados incluyeron siempre a Ricardito y a Deliana. Las vivencias del clan inferior las experimenté en gran parte a través de relatos y fotos. Era un clan de ocho, y dormíamos en dos grupos de tres y uno de dos. Quién en qué dormitorio, dependía en un principio de la edad. Cuando ya ninguno tuvo pañales, la división funcionó en base a hábitos de sueño. Los que tenían mucha imaginación y solían despertarse a causa de ella eran condenados, por así decirlo, a compartir uno de los cuartos. En esa habitación eran muchas las noches en que se prendía una luz, se pasaban de cama, se abría la puerta de par en par, se levantaba alguno a cerrar un cajón o placard. Conocí bien la dinámica del club del miedo. Fui fundadora y llegué a socia vitalicia.

Y, aunque en una familia con tantos hermanos, es y era muy común dar y recibir burlas por cuanto defecto halláramos en los otros, el miedo a la oscuridad nunca fue uno de ellos. O sí, pero se terminó casi antes de empezar. Cuando uno de los que dormía con la luz apagada y sin necesidad de compartir sábanas osaba hacer alguna broma pesada, solía sufrir las consecuencias de lo que había iniciado. Deliana, por ejemplo, vino una noche al cuarto de los miedosos, pero no para quedarse. Traía consigo a Pedro, el quinto en la línea de sucesión, uno de los más corajudos de la tropa, casi tanto como lo eran Ricardito y ella misma. Vimos en los ojos del valiente hermanito el terror que le había causado su propio cuento a nosotros los asustadizos crónicos:

-Había una vez dos viejitos pálidos, muuuuuy pálidos y con ojos saltones, sin pestañas. Uno tenía tres pelos sucios y el otro estaba tan arrugado que no se podía descubrir si era vieja o viejo. Caminaban lento y agachados por las calles en busca de sus tumbas. Se chocaban con los árboles, sus heridas dejaban sangre por todos lados, pero lo peor de todo es que, con cada golpe, un pedazo de su alma quedaba en las ramas. Esos restos de sus espíritus, heridos de orgullo, van a salir volando por todos lados y sólo encontrarán refugio en los cuerpos de los chicos que duermen y que tienen miedo. La única manera que tienen de resucitar y salvarse, es trepándose por las paredes, atravesando ventanas, y entrando a los corazones de los más jóvenes.

-Pero si atraviesan cosas pueden equivocarse y pasar por la pared y quedarse atrapados.

-Los espíritus pasan por cualquier lado, pero son inteligentes y primero miran por la ventana para estar seguros que los cuerpos adonde se van a meter duermen.

-Y cerramos las cortinas con candado y listo.

Siempre había alguno con capacidad de análisis y buena cuota de esperanza. Pero también de credibilidad ante un hermano más grande o valeroso.

Pedro estaba inspirado y no dio su brazo a torcer, alimentó el susto de los espectadores con gestos y voz pautada. Él solía dormir en el cuarto que daba al jardín, justo al costado de la casa adonde un enorme plátano recostaba varias de sus ramas que se podían ver desde la ventana. Ahí también dormía nuestro hermano mayor quien a su vez, había escuchado atentamente el relato, jamás había sufrido de exceso de imaginación y por lo tanto, le prohibió al pobre Pedrito que cerrara la cortina.

De día, el agrupamiento era claramente marcado por la edad. Ricardito, Deliana y yo, compartíamos algo más que recuerdos de los Muñoz y del queso mantecoso de Lena. Sin embargo, en cuestión de dormidas, la división entre hermanos quedó de la siguiente manera: tres que nunca tuvieron miedo o nunca lo demostraron, tres que sí lo tenían y carecían de orgullo para ocultarlo, y dos que dudaban a qué grupo nocturno pertenecer. Los tres mayores fuimos el campo de entrenamiento para nuestros padres. Para lo que debían o no hacer y reglamentar. Con nosotros tres, probaron. Con los cinco restantes corrigieron reglas o simplemente las eliminaron. A ninguno de los tres, nunca, pero jamás, nos permitieron quedarnos solos en casa, sin la presencia de un mayor. Inclusive cuando nosotros mismos ya lo éramos. Ni para cuidar a los que venían en camino. Por momentos fue casi indignante escuchar las historias y mirar fotos de las fiestas que mis hermanos más chicos tuvieron de adolescentes aprovechando la ausencia de los adultos.

Durante las tardes en Bogotá en las que practicábamos natación, volvíamos con el bus del club, que también era verde, como el del colegio, pero afuera decía Country Club y no St. Benedict's Academy. Por el horario de regreso y porque no quería tener que despertarnos en cada parada, el chauffer prendía las luces y lograba despojarnos del cansancio que producían el agua y el ejercicio. Los más grandes hablaban en voz alta y caminaban por el pasillo del medio diciendo cosas como, Jaime y Camila son novios o, Dele un beso si tanto la quiere u, Oiga, esa toalla es mía, devuélvamela que mi mamá me mata y la clásica respuesta a cualquier acusación similar, No friegue. Estaba en mi locker. Los más chiquitos hablábamos un poco menos y no andábamos por el pasillo. Si tratábamos de hacerlo, recibíamos un empujón, seguido por, No sea pendejo, siéntese que si esto frena se va a golpear duro. Los que tenían hermanos más grandes eran defendidos. Nunca fue mi caso. Aunque Ricardito era, a mi entender muy grande, adentro de ese bus no lo era tanto y tampoco me defendía. Me lo dijo varias veces:

—Si alguien te empuja va a ser porque sos una idiota y de eso yo no tengo la culpa.

Pasaba horas en el colegio y, sin embargo, me parecían minutos. Por mi edad, había entrado en transición, lo cual no es ni era un estado mental, es lo que en Bogotá denominan al preparatorio o preescolar. Iba con el uniforme igual al de las niñas más grandes, a base del color verde inglés, que a mamá le encantaba. Era un jumper beige con cuadritos verdes, blusa blanca, cárdigan verde de lana, medias verdes, zapatos marrones y blazer gris para los momentos solemnes, como cuando teníamos misa, izábamos la bandera o venían las madres a algún acto. Los pupitres eran individuales y yo tenía un lugar adonde apoyar mi valijita marrón. Sacaba la cartuchera, los cuadernos, y estaba siempre lista para prestar atención a la monja que se paraba al frente de la clase. Como me gustaba aprender y sabía que si me portaba mal no iba a sacar buenas notas, nunca me tocó estirar el brazo para que me golpearan la mano con la regla y nunca entendí por qué algunas de las niñas no hacían lo mismo. Sólo una vez me castigaron por acusar. A mí, y a la acusada. A ella le golpearon la mano, a mí me hicieron escribir sólo debo acusar cuando veo peligro cincuenta veces, en una hoja con renglones muy finitos. Mamá me tuvo que explicar la frase en casa y después, por las dudas de que no hubiera entendido, me mandó al cuarto sin comer postre. Sólo se dio una noche, pero creo que ese fue el momento que inició mi futura hinchazón corporal. Aprendí a escaparme del cuarto y a robar algo dulce cuando nadie estuviera mirando. Una vez me vio Ricardito, me acusó, y terminé castigada otra vez con la comida. Una injusticia, la acusada sí, el acusador no. No podría acompañar el Milo con galletitas dulces por una semana cuando nos daban las famosas onces. El Milo era el polvo que salía de una lata verde (cuanto más escribo, más me doy cuenta de que en Bogotá todo era verde) para que la leche se hiciera chocolatada que, aunque era riquísima, no me gustaba tanto si después no podía comer las galletas, el ponqué o las tostadas con mermelada. Delante de Concepción y mis hermanos tomaba el Milo, me iba a hacer las tareas, y cuando veía la oportunidad, robaba lo que el castigo me había quitado. Fui perfeccionando ese delito, o eso creía. Nadie se daba cuenta de lo que comía ni cuándo, estaba todo en mi panza. Era imposible que, ahí adentro, descubrieran lo que tanto había ocultado. Hasta que mamá me llevó a la modista para hacerle unos retoques al jumper. No tuve más remedio que desvestirme para que tomara las medidas, y quedó al descubierto lo que se escondía a la perfección. Me había equivocado una vez más.

-Esta niña está un poco rellenita, ¿no le parece señora?

-Nicole, vas a dejar de comer porquerías de una vez por todas. Es una vergüenza.

Vergüenza me dio abrir la lonchera en el colegio al día siguiente. Concepción había seguido las instrucciones de mamá a la perfección, y me había puesto una mandarina de postre en vez de la latita de leche condensada que tanto me gustaba; la latita y el abrelatas eran casi un ritual, y todas las niñas tenían eso mismo, o un pedazo de ponqué de chocolate o un vasito de arequipe. Había días en los que juntábamos todos los postres, les poníamos números y después nos turnábamos para sacar papelitos de la tapa de algún termo y gritar: ¡Qué bueno lo que me tocó! Con la mandarina no pude participar más del sorteo de dulces y eso me molestó bastante. Hasta que conseguí que mamá me diera plata para una alcancía, que le dije que había en el colegio y que llenábamos para que las monjas les llevaran cosas a los niños pobres. Usaba las monedas en el recreo de las medias nueves, nombre que le daban al recreo de media mañana, en el que podíamos ir al quiosco. Me comía la mandarina o manzana de turno y compraba colombinas, chocolates o cualquier dulce que me abriera nuevamente las puertas al sorteo.

Antes de mudarnos a Colombia había escuchado que en el trabajo de papá existía una regla para todos los que no fueran Colombianos: cada dos años les pagaban un viaje, con toda la familia, para que volvieran a su país de origen. Habíamos estado un poco más en Bogotá, pero como no aparecían los pasajes, supuse que esa regla había cambiado o había sido eliminada. Justo cuando empezaba a resignarme a pasar todas mis vacaciones en el club de buses verdes, vi a mamá sacar las valijas. Primero hizo la de ella y después, la de papá. Esa noche Ricardito vino a nuestro cuarto y nos dijo,

-¿A que nos dejan a todos con Concepción por un mes?

-Mamá, Ricardito dice que no vamos a ningún lado. Que nos van a dejar solos abajo de un puente.

-Yo no quiero vivir en un puente con Concepción.

Jorobamos hasta que papá nos apagó la luz. A la mañana siguiente, mi corazón saltó para todos lados. Apareció mamá con una valija en nuestro cuarto y le pegó un cartelito, con cinta scotch, que decía: Nicole y Deliana. Otra vez Ricardito trató de convencernos,

-Es para guardar la ropa de invierno.

-¡Mentiroso! En Bogotá no hay invierno ni verano ni ninguna estación.

Hasta yo me sorprendí de la rapidez con la que había cuestionado y con el razonamiento. Tuve razón en dudar. Al volver del club, corrimos al cuarto y nos chocamos con la otra señora que trabajaba en casa, pero que sólo planchaba. Había dejado toda la ropa doblada arriba de las camas. Tuvimos que probarnos algo porque a lo mejor no nos entraban o había que soltar algún ruedo. Una vez más, vi mi panza al descubierto, y le pedí a Jesusito que mamá no se diera cuenta; corría el riesgo de que me preguntara por la plata de la alcancía. A Deliana no hubo que hacerle mucho. Como no tenía que usar uniforme, se ponía la ropa normal todos los días; además, no tenía que esconderse cuando comía postre. Mi caso fue totalmente distinto, y nuevamente tuve que bajar la cabeza para no ver la cara de mi madre mientras examinaba el tamaño de mi ombligo. De paso pude verlo yo también: hacía tiempo que me daba vergüenza mirar en esa dirección.

Era cierto. Nos íbamos a Montevideo, y yo no podía dormir. Por nervios y porque me daba miedo la valija negra entrecerrada; en la oscuridad parecía el baúl adonde se escondía Ignacio. No ayudaba que mamá me recordara, todas las noches, que si seguía despierta iba a tener cara de zombi cuando llegara a Carrasco, y era una lástima, porque había gente que no me veía desde hacía mucho. Tampoco servía que Ricardito pasara por nuestro cuarto y dijera en voz muy baja y lenta: Voy a salir. No se duerman que salgo. Deliana no le hacía ni caso, se dormía rapidísimo; yo me quedaba en la cama con los brazos y las piernas bien escondidos dentro de las sábanas. La primera noche estaba tan asustada, que prendí la lámpara de la mesa de luz, y puse la funda de mi almohada arriba de la pantalla para bajar un poco el brillo. Ricardito fue a decir que no podía dormir porque había mucha luz, y mamá vino furiosa. Y claro, ¿cómo se me ocurría hacer una cosa igual?

-¿Estás loca? ¿No te das cuenta de que se puede prender fuego la casa?

-Mamá, tengo miedo.

-Pensá en el viaje y dormíte.

Pensaba en el viaje, miraba la valija y otra vez tenía miedo. Y bueno, fue cuestión de aguantar el sudor frío durante una semana y la agonía se terminó. Vinieron tres amigos de papá a buscarnos a casa. Los hombre pusieron las valijas en los baúles de los autos y mamá, antes de salir de casa, nos dio nuevamente las sorpresas que nos habían dado en Carrasco y que nos iban a tocar en todos los viajes de ahí en más. Fueron cambiando con los años, a medida que crecíamos, pero nunca dejaron de alegrarnos. Todos recibimos una bolsa de tela con nuestros nombres bordados para que no hubiera peleas. La de Ricardito tenía autitos Matchbox, el libro del Principito, un cuaderno en blanco, un lápiz, una goma de borrar y un sacapuntas. La mía, un cuadrado con cuadraditos desordenados del cero al nueve, a los cuales tenía que poner en orden, sin sacarlos; un libro de colorear, una caja de seis lápices de colores con punta, un cuaderno, y un lápiz iguales a los de mi hermano. La goma de borrar y el sacapuntas no estaban en mi bolsa. Si las necesitaba, debía negociar con Ricardito. A Deliana le pusieron tres muñequitas, ropa para que las cambiara, un peine de igual tamaño y un juego de té con tetera y todo. A los más chicos, les daban los cubos que yo había tenido en el primer viaje. Al bebé de turno había que llevarle una bolsa, sin nombre bordado. En ella habían mamaderas, tetinas con agujeros de distinto tamaño, chupetes (dos o tres porque no era cuestión de acostumbrarlos a usar uno solo. Hubiera sido una tortura para mamá especialmente si se perdía), pañales de tela, bombachas de goma y bolsas para meter esas mismas cosas cuando estuvieran sucias. A mamá le volvieron a dar el asiento de adelante y al resto nos pusieron al lado. Tomamos los seis asientos de la primera fila de la zona para turistas, que estaba detrás de la zona de primera. En primera no podíamos viajar las familias grandes con bebés, cunas y bolsas con nombres bordados: sólo había cuatro asientos por fila y muy peligrosos, porque eran demasiado grandes y el cinturón nos iba a quedar muy suelto. Podíamos llegar a salir volando si había un accidente. Eso nos dijo la azafata cuando vio que tratamos de cambiar de asiento a mitad de vuelo. Volvimos obedientes antes de que nuestra madre se diera cuenta de que no habíamos ido al baño y nos sentamos resignados. No nos gustaba tanto la primera fila de los turistas. Tenía dos problemas y ambos estaban relacionados a las mesitas. Para empezar, teníamos que pedirlas y dejar que los mayores las pusieran con unos fierros que se clavaban en los apoyabrazos y, segundo, una vez puestas, era imposible sacar las cosas de las bolsitas. Mamá solucionó el problema. Le recordó a papá que él podía ayudar con los fierros, porque era ingeniero y también porque en los viajes, si quería, podía dar una mano. En realidad era muchos viajes en uno. Parábamos primero en Quito y después en Lima antes de hacer el último tirón, el más largo, hacia Buenos Aires. Ahí pasábamos la noche antes de volver a subirnos a otro avión, que nos dejaba en Montevideo.

No conocimos mucho los aeropuertos de Quito y Lima. Bajábamos y nos teníamos que quedar en un lugar, sentados, hasta que el señor del parlante dijera que podíamos volver a subir. Tampoco podíamos jugar a muchas cosas. Por un lado, había que dejar las bolsitas en el avión y, por otro, no podíamos movernos de nuestras sillas. Mamá no quería tenernos corriendo por todos lados mientras cambiaba o le daba alguna mamadera al bebé. Las esperas en los aeropuertos eran el momento preferido de papá para contarnos cuentos. A veces eran historias con personajes mezclados. Por ejemplo, en una Napoleón soñaba que el Cachocatutango formaba parte de su ejército y lo ayudaba a vencer a los rusos en ese invierno tan espantoso que tenían en Rusia; el Cacho tenía mucha piel, y con ella podía abrigar también a muchos soldados.

-Pero el pobre Napoleón- papá ponía cara de lamento y nosotros igual -después se despertaba y se ponía triste. Había sido un sueño y, aunque no era mala la idea, el valiente Napoleón- papá ponía cara de coraje y volvíamos a imitarlo -se daba cuenta de que a los gorilas no se los podía usar como soldados. Los animales nunca fueron muy amigos de las guerras con armas de fuego, y como si eso no fuera razón suficiente, en esa época todavía no se habían inventado uniformes tan grandes como el que necesitaba el Cacho.

-¿Y en esta época ya están inventados?

Me daban mucha rabia las preguntas de Ricardito. ¿Cuándo se me ocurrirían a mí?

Al llegar a Montevideo, vimos el aeropuerto repleto de gente, y la mayoría parecía estar esperándonos. Saludaban eufóricos desde la terraza, y nosotros a ellos, mientras caminábamos de la escalera del avión a buscar el equipaje. Cuando finalmente pudimos encontrarnos con todos, el caos fue total y, por supuesto, terminamos perdidos los chicos de los grandes. Nos metían como en un sándwich, entre sus abrigos y apretujones, sin consideración alguna. Pero estaban tan contentos, que no nos gritaban a medida que nos iban encontrando. Simplemente nos agarraban de la mano y nos presentaban a gente que ya conocíamos, pero que se sorprendía de cuánto habíamos crecido y lo parecidos que éramos a alguien. La más cambiada era Deliana. Antes de irse no tenía pelo ni hablaba tan bien. Kiko fue el primero que la levantó en brazos y le apretó muy fuerte uno de los cachetes. Mamá la rescató, diciéndole a su amigo que no empezara a torturarnos, justo cuando yo levantaba mis brazos para que me hiciera lo mismo. Teresa no había bajado del auto y, cuando nos subieron a Ricardito y a mí para llevarnos a la casa que habían alquilado papá y mamá en Carrasco, me di cuenta de que ella todavía extrañaba mucho a Ignacio. No habló, apenas sonrió, y creo que le vi unas lágrimas. Aunque tengo que admitir que fui corta de vista desde muy chica y, cuando la miré, mis ojos también estaban un poco aguados. Igual que los de Ricardito. Ambos bastante expertos en esconder el llanto, pero nunca lo hicimos bien cuando nos encontrábamos con algún Muñoz. Antes de arrancar, papá trajo a Deliana y preguntó si entraba en el auto. Era una camioneta pick-up. Los chicos íbamos sentados atrás, con lo cual no había problema en incorporar a unos cuantos más. El primero en responder fue Felipe. Dijo que él se ocuparía de ella. La agarró con los dos brazos, y no la soltó hasta que llegamos a la casa. Ricardito y yo no nos dimos cuenta y estoy segura de que tampoco lo hicieron Felipe y Deliana pero, en ese momento, la relación entre los dos ya tenía algo especial. Felipe le hacía caras y Deliana reía. Ella le agarraba la nariz y Felipe ni chistaba. Si Ricardito hacía lo mismo, su gesto era correspondido con una piña en el hombro. Yo ni trataba.

¡Qué linda que era la casa de Carrasco! No tenía escaleras. Los cuartos, el living, el comedor, la cocina y demás ambientes estaban en una sola planta y de la mayoría de ellos se podía salir al jardín.

-¡Es enorme! ¿Podemos poner la piletita de los Muñoz?

Por primera vez Ricardito hizo una pregunta equivocada. Tuvo dos respuestas. Mamá le dijo que no mencionara más el tema, y papá le dijo que no. Simplemente no. Ni una sola explicación, ni una sola mirada. Todos los grandes bajaron la cabeza y se fueron adentro para hacer no sabemos qué. Felipe le pegó otra piña a mi hermano, esta vez sin provocación alguna.

Una de las mejores sorpresas de la casa fue la señora que vino a prepararnos los desayunos. Hacía unas tortas riquísimas y siempre estaba contenta. Nada que ver con Concepción; no usaba uniforme blanco, porque no tenía que acompañarnos a ningún club. Tampoco nos ponía cara fea porque nunca se nos desataba nada. Los uruguayos habían solucionado el conflicto de los cordones: usaban alpargatas. Y para cruzar la rambla, podíamos contar con nuestros padres. Mamá no tenía a sus amigas de bridge, y papá no tenía canchas de golf cerca, ni trabajo pendiente. Vimos reaparecer la antigua rutina de madres contando hijos; excepto en el caso de Teresa. Ella nunca fue a la playa, los hijos Muñoz iban con Kiko. Pero como los hombres no se encargaban de los chicos, a los Muñoz los metían adentro de la lista de alguna otra mamá. Igualmente, era mucho más fácil que antes, porque el que siempre se perdía era Ignacio, que ahora no estaba. Cada vez que alguien se levantaba a contar, también lo hacíamos nosotros, para que nos vieran más rápido y no empezaran a gritar… Y a todos, grandes y chicos, se nos hacía un nudo en la garganta. Los padres, porque se acordaban de Ignacio; los hijos, porque a ninguno le gusta ver a su madre triste.

Durante la siesta de los grandes y de los más chicos, los del medio jugábamos a las escondidas; siempre y cuando no se nos ocurriera entrar y hacer barullo. No fue un problema obedecer esa regla. El jardín tenía suficientes lugares para ocultarse, y sabíamos que, cuanto mejor nos portáramos, mayor era la posibilidad de que nos llevaran a la playa después de tomar el té. Era el horario en el que veíamos a nuestros padres jugar casi como chicos. Armaban partidos de vóley y se peleaban igual que si estuvieran en el recreo del colegio. Todos querían a Kiko en su equipo, nadie a la mamá de los Vacarezza, porque estaba embarazada y no quería saltar.

-Mirá si se sale el chiquilín.

-No seas exagerada. Si lo que tenés no es más que un poroto.

Poroto o no, queríamos que saltara para ver cómo era el nuevo hermanito, o si iba a ser hermanita. Mamá Vacarezza nunca nos dio el gusto. La pusieron de referí, lo cual parecía más peligroso que saltar. Cada vez que decía algo, alguno de los dos equipos le protestaba y le gritaba de todo. En un momento papá, a quien le gustaba ganar a cualquier cosa, se enojó tanto que la agarró de los tobillos y le dijo que si no anulaba la decisión, la iba a tirar al piso. Kiko y el marido de la referí lo levantaron de los brazos y se lo llevaron al mar; sólo lo dejaron salir cuando vieron que iba a portarse bien. Ricardito, enojado con la situación, mientras veía a nuestro padre transportado a la fuerza, corrió y le dio una de sus terribles patadas a los mismos tobillos que papá amenazara minutos antes. Mamá lo agarró del brazo y se lo llevó a la casa. Cuando llegamos mi hermano estaba otra vez en el baño oscuro, y no salió hasta la hora de comer.

Unos días antes de Navidad, nos llevaron al correo a que dejáramos las cartas para Papá Noel. Las habíamos escrito hacía un montón en Bogotá y papá las había guardado, pero antes de poner las estampillas y de cerrar el sobre, dejó que las abriéramos para ver si queríamos cambiar o agregar algo. Los sobres eran igualitos a los que les mandábamos a nuestros abuelos, comprobamos que tenían el mismo sabor al pasar la lengua para cerrarlos. Era feísimo, pero nunca quisimos que otro lo hiciera por nosotros. Habíamos esperado mucho hasta que nos otorgaran esa responsabilidad. Cada uno cerraba el suyo y nadie podía ver lo que el otro había pedido. Las cartas eran como las carteras de las mujeres. Sólo las podía abrir el dueño. Mentir o abrir algo de otro eran las dos ofensas que más enojaban a los grandes.

Las únicas cartas que tenían un tratamiento especial eran las que le escribían los hijos Muñoz a Ignacio. Nadie me lo dijo y, cuando pregunté, me mandaron al cuarto por inventar cosas; pero más de una vez escuché a Teresa cuando le decía a mamá lo que Felipe o alguna de las hermanas le había contado a Ignacio en una carta. Les pregunté a ellos adónde se le podía mandar una, y me dijeron que en el sobre tenía que escribir Para: Ignacio y debajo de esa línea, Dirección: El Cielo. No tenía que poner el remitente, el cual yo ya sabía que iba en el lado superior izquierdo o atrás del sobre. No necesitaba hacerlo, nadie iba a responder. Yo ya le había mandado una y aprendí que desde el cielo no se podían enviar cartas. Ni desde el cielo ni desde el Polo Norte iba a recibir nunca una respuesta; igualmente, fueron las que más me emocionaron desde entonces, porque seguí escribiéndole. En la primera le pedí perdón. Le dije que nunca me había enojado en serio. Sólo que a veces me daba rabia que lo dejaran ganar a los juegos y a mí no. Pero le dije también que no pensaba igual porque era más grande y que, cuando yo estuviera en el cielo, lo iba a dejar jugar todas las veces que quisiera a cualquier cosa.

Dejé de escribir cartas al Polo Norte cuando tenía más o menos siete años, pero nunca dejé de hacerlo con aquellas personas que se iban al cielo. No me importaba que no respondieran, simplemente terminaba de decirles lo que en vida no me había sido posible, porque era chiquita, o por falta de claridad en mis ideas.

La despedida de Montevideo fue aún más dura que la primera vez a juzgar por la cantidad de personas que lloraba al vernos partir. Con los años pude analizar este fenómeno. Yo sólo lloraba por contagio, cuando me despedía de Lena. Ella empezaba una semana antes, con unos pucheros tremendos. Hasta Ricardito se conmovía. Al único que no hacía llorar era a papá. Recién entendí el porqué cuando tuve mi primer novio y su madre hizo algún comentario con respecto a convertirse en suegra.

Fuimos dos veces más a Montevideo desde Bogotá, y yo pensaba que mi vida iba a ser siempre igual: divertida con el colegio y el club cuando estaba en Colombia, viendo a papá reírse en Uruguay cuando se encontraba con Kiko y sus amigos, y extrañando a mi abuela cuando tenía que despedirme. Todo hubiese sido perfecto si tan sólo mamá hubiera dejado de decirle a mi abuela qué día nos volvíamos. Traté de encontrar una solución.

-No le digas nada, y nos escapamos.

-¿Estás loca? Le da un infarto.

En cualquier oportunidad podía darse un infarto, especialmente en las mujeres de mi familia. Si algo las asustaba decían: -Casi me infarto,- pero era casi; nunca hubo uno en serio. Excepto el que sentimos que le daba a mamá, el día en que la llamaron del trabajo de papá para darle una mala noticia. Tan mala que colgó, y sin mirarnos, llamó a una de sus amigas de bridge para que nos llevara a dormir a su casa por un tiempo. También le pidió que por favor no nos dejara ver la tele ni distraernos con la radio. Un mes más tarde, sin haber terminado el colegio, nos encontramos nuevamente con nuestros padres en el aeropuerto, sin Concepción, sin bolsitas bordadas y con pasajes a Estados Unidos. En un mes uno no se olvida de sus padres. A mamá la vimos igual, pero a papá casi no lo reconocimos. Estaba mucho más flaco que de costumbre y no nos hizo ningún cuento de Napoleón. Nos tocaba la cabeza cada tanto, y miraba a cualquier lado. Esa vuelta fui yo quien consiguió hacer la pregunta correcta.

-¿Estados Unidos no era el país adonde siempre quisiste que fuéramos? ¿No estás contento?

-Estoy tan contento que no tengo palabras.

Con nosotros también viajaba la familia de otro de la oficina de papá, que también tocaba la cabeza de sus hijos y hablaba menos que las veces que había venido a comer a casa. Nos íbamos todos a vivir a la misma ciudad, adonde, si Dios quería, nuestros padres podrían descansar un rato y comer tranquilos para engordar un poco.

Durante el lapso de tiempo en el que no supimos de su paradero, habíamos ido al colegio en un auto distinto casi todos los días. Ricardito, Deliana y yo, acompañados del chauffer, y dos señores muy grandes (no de edad, de tamaño). Primero nos dejaban a las mujeres con uno de ellos, el cual se quedaba mirándonos con binoculares, y lo misma ocurría con Ricardito. En casa de la amiga de mamá se quedaban mis hermanos más chicos, cuidados por dos señores más; uno afuera y otro adentro. Decía estar fascinada de tenernos en su casa. A sus hijos les pedía que aprovecharan y aprendieran a ser tan aplicados y buenos como nosotros. No parecía haber escuchado la teoría que dice que los niños siempre son mejores afuera de sus casas. Con mamá sólo podíamos hablar por teléfono, uno por llamada, y tenía que ser cortito. Las llamadas de larga distancia eran muy caras. Estaban en un viaje de grandes, no podíamos molestarla con preguntas; ni hablar con papá, ni preguntarle por nuestros cambios de rutina ni por Concepción.

A ella también la cuidaban una cantidad de personas. La habían echado de casa, por robarse la plata que mamá tenía en la mesa de luz. Después nos enteramos de que, cuando a nosotros nos llevaban al aeropuerto, ella había ido directo a la cárcel.

Me parecía estar ante varios cambios y, aunque me encantaban, uno de ellos no me gustaba nada: el de papá. Dejó los cuentos. Decía que se le había ido la imaginación. Cuando sacábamos los soldaditos para jugar a la guerra, ya no nos dejaba capturar enemigos. Había que matarlos. Ricardito protestó.

-¿No nos dijiste que era una buena estrategia?
-No siempre se resuelven las cosas debilitando al otro.

No recuerdo bien la edad, pero creo que ya me había recibido del colegio, cuando supe que, en realidad, durante el tiempo en el que vivimos separados y rodeados de guardaespaldas, mamá no nos llamaba de larga distancia, seguía en Bogotá esperando y coordinando el rescate, que Concepción y su novio se habían llevado a papá y a su compañero de trabajo a la selva, y que para devolverlos, habían pedido mucha más plata de la que normalmente se guardaba en la mesa de luz.

Parte II

Fue muy distinta la mudanza a Washington de la que habíamos hecho años anteriores, desde Uruguay a Colombia. No nos prepararon ni entusiasmaron con tiempo y, según nos dijeron, Ricardito y yo estábamos un poco grandes para las bolsitas del avión. En el viaje, nuestros padres se mantuvieron tan callados que no nos atrevimos a preguntar nada, cosa de no interrumpir lo que fuera que estuvieran pensando. Llegamos directamente a una casa que nos habían alquilado unos conocidos quienes, por suerte, también sabían qué era lo que nos gustaba. La heladera estaba repleta de fiambres y Coca-Cola, los muebles eran menos lindos que los de Colombia pero los podríamos reemplazar cuando llegara el barco o el camión con lo nuestro. En cuanto Diego, uno de los chiquitos, preguntó por sus juguetes, le dijeron que, por unos días, para divertirse, iba a tener que usar el bosque de atrás y su imaginación. No había tiempo de comprar nada hasta que nos ubicaran a los grandes en los respectivos colegios. En Washington, las zonas eran más o menos buenas de acuerdo al que tocaba; es decir, la casa se definía una vez establecido el colegio. Más bien dicho colegios, porque se dividían por edades. El de primaria, adonde irían Deliana y mis hermanos más chicos, el junior high adonde iría yo, y el high school para Ricardito. En ninguno se usaba uniforme y, en todos, nos mezclaríamos varones con chicas. Eso me entusiasmaba, ya no me importaba para nada el tema de los bombachudos, y los varones podían jorobar tranquilos. Mi panza y mi pudor habían disminuido considerablemente.

Dijimos adiós a las valijitas, al equipo de natación, al club, y no nos podíamos poner tristes: fue una regla impuesta por nuestros padres. Había que mirar la vida para adelante. Más todavía si el pasado podía hacerte llorar, por malo o por querer volver a vivirlo. Aunque no nos pareciera más cómodo llevar los libros en la mano, aunque tuviésemos que comer sándwiches de fiambres sin gusto y llevarlos en una bolsa de papel, aunque el bus fuese amarillo y lleno de chicos y chicas que ya tenían amigos y no necesitaban agregarnos a su lista de invitados para una fiesta, no había que flaquear. Aunque todo eso nos hiciese algún agujero en el estómago, no teníamos que pensar en los amigos que hablaban nuestro idioma. Como tampoco lo habíamos hecho cuando queríamos ir a la playa de Carrasco para ver a Felipe y a Kiko, pero no podíamos porque estábamos en un bus verde riéndonos bajo ruanas grises. Cada lugar tenía su encanto y debíamos encontrar el de Washington.

Mientras buscábamos el significado del dicho de mi abuela: No hay mal que por bien no venga, no dejábamos de valorar algo que, viaje más viaje menos, se mantuvo, excepto por los últimos días en Bogotá. Estábamos los ocho hermanos juntos, bajo el mismo techo, en el que también se encontraban nuestros padres. Admito que, para mí, no fue siempre algo positivo; sin embargo a Deliana, le resultaba apasionante. Mi hermana era una persona de grupo, y daba igual si la arrancaban de un país y la ponían en otro. Uno de esos grupos era el nuestro, y nunca la abandonaba. Si bien éramos muchos, ella era esencial para la adhesión entre hermanos. Los métodos que utilizaba fueron variando con los años, pero no dejaron de existir. En una ocasión, el dolor de una quemadura la hizo llorar por horas. Tanto, que el resto de los hermanos improvisamos una reunión en la cual debíamos encontrar la manera de hacerla callar. La metimos, con zapatos y todo, en la bañadera llena de agua fría, y le prometimos repetir la tortura si no dejaba de molestar. No dijo nada, y esperó a que llegara papá. Con unas lágrimas que a él lo conmovían y a nosotros nos sorprendían, fue corriendo a darle mil besos. ¿Cómo hacía para improvisar tal sufrimiento en tan poco tiempo? Cuando papá le preguntó por qué lloraba, ella dijo que no le gustaba que otras personas la pusieran en penitencia.

-No entiendo, ¿quién te puso en penitencia?

Secándose las pecas y con un puchero que no podíamos creer lo bien que le salía, contestó:

-Está bien que me hayan metido en la bañadera, porque yo estaba llorando mucho.

Respondimos antes de que nadie preguntara nada. Dijimos que no habíamos querido mojarla, pero que se nos habían patinado las manos. Todos, autores y cómplices, terminamos en penitencia, en el mismo cuarto. Unidos nuevamente por Deliana. Cuando jugaba con sus muñecas y las mías, porque a mí no me divertían, era como si tuviera muchas hijas y nosotros automáticamente estábamos obligados a ser los tíos. Tíos que a veces cambiaban las cabezas de sus sobrinas para asustar a su madre postiza. Armar estas estrategias era la responsabilidad de Ricardito, llevarlas a cabo era para el resto. La travesura por lo general era mucho más divertida que el resultado. Deliana nos hacía poner orden antes de que llegara papá; lo conseguía con la amenaza de dejarnos a todos sin postre o sin poder jugar con la pista de autos de Ricardito. No dudábamos de su eficacia.

Tenía acceso a una autoridad mayor. Además, la queríamos, y todavía la queremos cualquier cantidad. No la cambiaríamos por nada ni por nadie, y el futuro demostraría lo lejos que estábamos dispuestos a llegar para defenderla.

¡Hola Ignacio!

No sé por qué estoy tan contenta, pero es igual. Razón que encuentro razón que uso para hablar contigo. Pusimos fin a nuestra vida en Colombia y empezamos otra en Washington, un lugar que a papá siempre le generó intriga y admiración. No así a tu padre, que creo no anda muy feliz. Su amigo se le va cada vez más lejos. Prometió venir a visitarnos. De ser así, te voy a sentir muy cerca. Estoy convencida de que estás siempre al lado de tu familia. Sigo pensando que el tema del alma que afirman se va al cielo, es una forma errada de describir el destino final de la misma. En tu caso y en el de aquellos que conocí, el alma se queda con los que continuamos; pasa a estar con todos los que conocieron al ser que la portaba, y con nadie en particular. Vos, por ejemplo, a cada uno nos dejaste algo… En mi caso, quedan, entre muchas otras cosas, una lección y un recuerdo. Pude entender lo dañino de un orgullo intransigente; recuerdo tu sonrisa, y lo que con ella conseguías. Sonrío sin querer imitarte, simplemente sonrío al recordarla.

¡¡Nos vemos!!

Yo

Como ciudad, Washington era bastante más fría que Bogotá, pero nos fuimos acostumbrando y aprovechamos al máximo las oportunidades que nos brindó. Aprendimos y nos aferramos a muchos de sus principios. Al poco tiempo de mudarnos, papá llegó a casa sonriendo como no lo veíamos hacer en meses. Había manejado durante casi una hora desde la oficina, y nunca había tenido que esquivar a nadie que estuviera haciendo zigzag. Durante toda la noche se mantuvo con ese ánimo y con comentarios que sólo él y mamá entendían. Nadie más manejaba. Se preguntaban y se respondían. Nosotros comíamos.

-¿Podés creer que nadie se pasó ni un semáforo en rojo? Oíme, ni tocan la bocina cuando se pone verde. Qué respeto que tienen. Es un placer estar en la calle.

—¿Y qué me decís de los stop signs? Hay esquinas que tienen cuatro y nadie se hace el vivo.

Con el transcurso del tiempo, papá podía ir a trabajar tranquilo, sin tener que luchar por su vida. Sonó un poco exagerado cuando lo dijo, pero estaba tan a gusto que daba igual. Qué bien que los hacía sentir que a nosotros no nos tuviera que cuidar nadie, que cada uno fuera responsable de sí mismo. Era ideal vivir así. Si estudiábamos, sacábamos buenas notas; si nos esforzábamos un poco más, nos premiaban con honores; si queríamos plata, podíamos trabajar y ganarla; si queríamos ir a la casa de alguien, con nuestra propia plata le poníamos nafta al auto que compartiéramos con el hermano que fuera, e íbamos. Quién tenía el auto qué día o quién entraba al baño antes que otro eran obstáculos mínimos que nos enseñarían a negociar y nos darían la plataforma necesaria para aprender las trivialidades de una convivencia. Entre hermanos, que era lo que siempre tendríamos. Porque los amigos eran pocos y no muy constantes, un efecto directo de la población rotativa de Washington. Era, y aún es, una ciudad colmada de organizaciones gubernamentales e internacionales, además de las embajadas; y por lo tanto, difícil para sostener ningún tipo de relación por más de dos o cuatro años, que era el promedio destinado a los funcionarios que allí trabajaban. Imposible negar el enriquecimiento que daba conocer tal variedad de nacionalidades, como tampoco el vacío que dejaban las constantes despedidas. Gran parte de nuestros grupos sociales eran conformados por argentinos, chilenos, franceses, españoles, iraníes, dinamarqueses y no muchos americanos. Como la mayoría no tenía tíos, ni abuelos, ni primos, por lo menos no en la ciudad en la que vivíamos, se convirtieron en amistades de mucho apego y poco arraigo. Algunos se quedaron por años, pero una buena mayoría volvió a su lugar de origen o fue trasladado a otro país. Con el correr del tiempo, fuimos agregando amigos, reemplazando noviazgos, tejiendo y destejiendo sentimientos. Fue un entrenamiento de años, que perfeccionábamos en los viajes a Montevideo, adonde teníamos semanas o meses, nunca años, para armar y desarmar vínculos.

Gracias a mi crecimiento en sentido longitudinal, y el ejercicio impuesto por el sistema de educación americano, pude ver una sustancial desaparición de varios centímetros de mi panza. Cada clase quedaba en un lugar distinto del edificio. A primera hora, era obligación que los alumnos fuesen a su home room, un aula adonde me juntaba con aquellos de apellidos que empezaban con la misma letra que el mío. Después de que sonara el primer timbre, debíamos estar adentro o cerraban la puerta y recibíamos media falta. El segundo timbre suponía que ya estábamos sentados para escuchar al director. Anunciaba los distintos eventos del día por altoparlante. Partidos del deporte de temporada, reuniones extracurriculares para los clubes ya formados, peticiones para la incorporación de grupos nuevos, cambios en algún horario por cuestiones administrativas o climáticas. Tardé en captar la información brindada, aunque la tecnología con la que contaban era la mejor disponible. Estábamos a comienzos de los años setenta, y la voz resonaba con muy poca claridad o generaba un silbato que nos dejaba parcialmente sordos. Al terminar, se repetía la secuencia de los dos timbres. Con el primero dábamos por terminados los anuncios y debíamos enfilar cada uno hacia la clase correspondiente. No sé quién había elegido la mía. Quedaba a dos mil kilómetros de distancia de donde estaba mi home room, en dirección opuesta al locker y su bendito candado. Para abrirlo, debía seguir las instrucciones: primer giro a la derecha, dos a la izquierda y uno último a la derecha. Dar con la combinación correcta bajo la presión del tiempo y de la miopía galopante, era un desafío; o un chiste de mal gusto del señor del parlante y el que eligió mis clases. No lograba frenar la rueda, por lo que debía tratar una y otra vez antes de dar con los tres números y sus prometedores clicks. Una vez que sentía el último click, debía abrirlo, sacar lo que necesitaba para la clase que venía, poner lo de la clase anterior, cerrar puerta, candado, hacer girar la ruedita de los números, y correr. El segundo timbre anunciaba que ya debía estar adentro de la clase y no adonde normalmente me encontraba: en el pasillo.

Entre biología e historia, matemáticas y literatura, respiraba hondo, y probaba distintos métodos para ganarle al tiempo y al timbre. Hasta que llegaba la hora de educación física. Depende de la época variaban el deporte y las compañeras, pero se mantenía en firme una tortura adicional. En el vestuario me esperaba otro locker con su correspondiente candado. De combinación distinta. Había que cambiarse, correr al campo de deportes o al gimnasio, hacer el ejercicio determinado, correr a las duchas, vestirse, y correr una última vez a la clase o al ómnibus. Analicé la situación un poco tarde. Descubrí que la mayoría de mis compañeras caminaban mientras yo las pasaba corriendo desaforadamente en cada dirección. Tenía que mejorar mis tiempos, y lo logré. Dejé de lado el pudor y pude recuperar los valiosos minutos que perdía en esconderme debajo de la toalla.

Toda esa logística, y las distintas carreras de posta conmigo misma, no me importaban mucho; pero sí me hubiese gustado tener a alguien con quien compartirlo. Cuando había llegado a Colombia, con sólo aprender a decir usted a las chicas de mi edad, me había hecho muchísimas amigas. En Washington no llegaba a decir ni el you, porque no tenía a quién dirigírselo. Eran unos cuantos más y también había varones, aunque creo que gran parte del fracaso social pude atribuírselo al mamarracho que veía cuando me acercaba al espejo. Y a los chistes pesados de Ricardito. Según mamá y sus amigas, era la edad menos gratificante de todas; claro, ella tenía amigas porque ya había pasado la edad fea, y porque había muchas que hablaban en castellano. Dijeran lo que dijeran, la realidad me demostraba lo contrario. Mi colegio estaba lleno de preadolescentes que, si bien tenían que enderezar sus dientes con aparatos iguales a los míos, no necesariamente llevaban anteojos gruesos ni luchaban contra un millar de rulos rebeldes y finitos. ¿Quién en mi familia había sido el culpable de darme genes tan desprolijos? No iba a preguntarle a mi abuela. Según ella, todo lo pasado había sido excelente. Jamás iba a reconocer que tenía una nieta con desperfectos.

Igualmente, Ricardito dejó de ser una tortura para convertirse en fantasma, durante esa época por lo menos. No estaba nunca en casa. Entre prácticas de fútbol, tenis y natación, apenas lo veíamos; aunque rara vez faltaba a la hora de comer. Hablaba poco, no así Deliana. Con sus cuentos, hacía reír a papá, con sus amigas nos daba una anécdota tras otra. Pero no me preguntaba cómo era que papá reía con los cuentos de otros hijos y no escuchaba los míos. Me preguntaba cómo lograban mis dos hermanos más cercanos en edad, formar parte de algún grupo. ¿Cómo habían hecho para pertenecer a un clan? Deliana traía el suyo a casa; Ricardo se iba con su propia patota, ni idea adónde. Yo quedaba en casa, sola y con la duda. Pero si me sentía cómoda, ¿debía igual replantear mi estrategia social? Ni hablar si pensaba en mi sistema de noviazgos. Deliana era de largo tiraje, un novio le duraba meses o años, Ricardo directamente ni se molestaba, no salía con chicas y con eso resolvía lo que yo interpretaba como timidez y después de años supe que era falta de ganas de complicarse la vida. Al igual que con el tema de los grupos, yo estaba en el medio. Los romances me duraban semanas o meses, en caso de que fueran relaciones internacionales. Es decir, si era por correspondencia, duraba cuanto tiempo quisiera el otro; total, las cartas tenían siempre una cuota de misterio, y rara vez llegaban a cansarme.

A medida que nos recibíamos en el colegio, nos fuimos insertando en la universidad. Elegíamos alguna de las que estuviera en la zona, costumbre que difería con la de los americanos y con nuestras ganas de imitarlos. Gran parte de los alumnos que se recibieron conmigo, partieron de sus casas para vivir en un ambiente universitario, aunque quedara a pocos kilómetros de distancia. El hecho era irse, sentirse independientes, liberar también a los padres para que pudieran hacer sus propias vidas. En casa no había ningún apuro. Sabían que eventualmente los dejaríamos, y si queríamos mudarnos a la universidad que fuera, tampoco nos lo negaban. Eso sí, los gastos corrían por cuenta nuestra. Ellos se harían cargo de la parte académica, la diversión o curiosidad del adolescente corría por cuenta propia. Había excelentes universidades a no muchos kilómetros de distancia. Unos antes y otros después, desde casa o becados en algún otro estado, empezábamos a convertirnos en adultos.

Ricardo y yo nos mantuvimos dentro de un estándar académico alto, tal como lo habíamos hecho en el colegio. Para ambos, estudiar y sacar buenas notas fue una cuestión de rutina. En el caso de Deliana, una obsesión. Pasó de ser muy buena a excelente, no sin trastornar a la familia como lo hacía con más de una de sus actividades. En época de exámenes era inútil convencerla de que fuera más considerada con las duchas o con los brownies. Durante las últimas dos semanas de cada semestre, si queríamos bañarnos con agua caliente, había que despertarse más temprano que ella y, si queríamos comer por lo menos un brownie, debíamos estar al lado del horno cuando sonaba la alarma de la cocina. Además había dicho que quería ser maestra, pero estaba estudiando Derecho. Al resto de la familia le hubiera resultado indistinto que modificara sus planes. Total, ¿qué más daba si teníamos una hermana docente o una abogada? El problema radicaba en que quisiera cursar materias de Derecho jugando a la maestra. Estudiaba enseñando. Llenaba la casa de compañeros de clase, unos sujetos extraños que parecían elegidos a dedo. Ninguno era capaz de entender nada si Deliana no se los explicaba, e invadían el comedor o la cocina por horas interminables. Comían algo más que los brownies. Desaparecían las latas de Coca-Cola y los paquetes individuales de Doritos o Twinkies. En una casa que, hasta ese entonces, había mantenido un régimen casi militar en cuanto a la división de comestibles, adonde se reponían los faltantes sólo una vez por semana, el problema era grave. El resto de los hermanos también teníamos exámenes, para los cuales era necesario llenarnos de azúcar y cafeína. Si de chicos habíamos aprendido a esconder caramelos unos de otros, de adolescentes, y frente a la usurpación del lugar por los alumnos de Deliana, convertimos nuestros placares en cajas fuertes. Almacenábamos de todo. Lo que considerábamos nuestro y lo de los más chicos, los cuales quedaban a veces sin almuerzos completos para el colegio. El mecanismo de contrabando era el siguiente: mamá compraba el viernes, nosotros vaciábamos el sábado y, a partir del domingo, los más chicos pasaban por nuestros cuartos y se llevaban lo suyo para el día siguiente; todo debía ocurrir durante alguna ducha de Deliana. Con el aval de madre, por supuesto; sin su consentimiento hubiera sido imposible. Aprobó divertida, y aliviada. Las peleas serían menos, y la única que iba a protestar era nuestra hermanita pecosa. Pero no lo hacía; no entendíamos bien por qué. Ni tampoco, cómo había conseguido que sus compañeros de clase tuvieran algo para comer cuando llegaban a casa, pese a nuestros intentos por desabastecerlos. Había armado una aduana paralela, y no la encontrábamos por ningún lado. Decidimos acusarla. Sin mucho trabajo, mamá descubrió de dónde estaba sacando la plata; porque ella manejaba las cuentas, y papá no sabía mentir. Pero no lográbamos resolver dónde se ocultaba el contrabando. Hasta que les falló el sistema. El escondite era movible; y uno de sus dueños, el mayor, era algo distraído. Deliana llamó desesperadamente al club y trató, en vano, de interrumpir el partido de tenis que papá tenía programado todas las semanas:

—Señor, usted no entiende. Es muy importante que papá vuelva a casa. No, no hay nadie herido, pero es una emergencia. Se llevó la comida, y nos estamos muriendo de hambre.

Exagerada como pocas, trataba, y por lo general conseguía, mover montañas; esa vez, no lo logró. Uno de los más chiquitos la había escuchado, y aprovechó el dato para que Ricardito le perdonara haberle robado un cassette de los Beatles. Armamos un operativo, nocturno, que se dedicaba a vaciar el baúl del auto de papá, y a esconder las cosas, con un único propósito: hacerlos pisar el palito. Fue en vano. Sin embargo, tuvimos la grandeza de guardar los víveres que siguieron comprando por dos semanas, y compartirlos con Deliana durante las vacaciones.

Continuamos con la rutina de viajar a Montevideo cada dos años, aunque no todos íbamos al mismo tiempo y, por lo general, no nos buscaba nadie conocido en el aeropuerto. Tampoco nos quedábamos más de unas semanas, pero igual eran días llenos de alegría, especialmente para papá; se podía reunir con amigos para hablar de fútbol y reírse como no lo hacía en Washington. Kiko seguía siendo la única persona que lograba hacerlo llorar. De risa cuando estaban juntos, de tristeza cuando se despedían. Nosotros reanudábamos las relaciones con primos y amigos. De los Muñoz, al que más veíamos era a Felipe. Al igual que a papá, parecía que lo conmovían las pecas de mi hermana y a ella, su mirada. En uno de sus viajes a Montevideo, cuando los tres mayores ya éramos profesionales, en vez de traernos regalos, como alfajores y dulce de leche, Deliana nos trajo a Felipe.

Ricardito había empezado una empresa de construcción y estaba buscando un socio. ¿Quién mejor que Felipe? Honestamente, cualquier otro hubiera sido mejor, cualquiera que no fuese tan cercano a la familia. Pero ella quería que nuestro amigo pudiera vivir en Washington y, sin trabajo, no iba a ser fácil. ¿Qué le costaba tomarlo, aunque más no fuera para probar?

-Estás hablando de regalarle una gerencia, Deliana. ¿No te parece mejor que lo contraten en casa para que diseñe el jardín o que cambie el techo? No tiene ningunas ganas de trabajar.

Fue papá quien terminó de convencer a Ricardo. Él mismo se haría responsable de cualquier problema que surgiera, aunque estaba seguro de que no habría ninguno. No eran las credenciales de Felipe lo que preocupaban a Ricardito, era su falta de convicción con respecto a quedarse en Washington. Hablaba mucho de lo que había dejado atrás, en especial de Teresa y todo lo que le debía.

Durante los primeros meses después de la llegada de Felipe a Washington, el clima familiar se vio modificado. Habíamos aprendido a convivir en una casa con muchas personas, pero a cada una la íbamos conociendo desde que nacía; además, el vínculo, al ser sanguíneo, era irrompible. Nos considerábamos un grupo abierto, sin prejuicios. Hasta que llegó él. Y eso que no iba a ser el único huésped de estadía prolongada; aunque sí el primero en calidad de novio, al cual debíamos adoptar como hermano. Lo conocíamos desde hacía muchos años; no obstante, habíamos pasado gran parte de ese tiempo en países distintos y nunca habíamos compartido techo. Por lo general el conflicto se daba en trivialidades, como por ejemplo las discusiones a la hora del té. Consideraba ridículo que hiciéramos tanto hincapié en cómo se cortaba la torta, el tamaño de cada trozo y quién se quedaba con el pedazo del medio. Desconocía el límite de tiempo razonable para el uso del baño, y golpearle la puerta a gritos era poco natural: no sabíamos cuál podía ser su reacción, y Deliana nos lo había prohibido.

Pero la torta, el baño, las medias que se mezclaban y no volvían a su sitio eran problemas menores. Cada uno por sí solo, no daba para hacerse mala sangre. En el fondo nos habíamos alegrado, y mucho, cuando habíamos visto llegar al hijo de Kiko con valijas y planes para quedarse un buen rato. El conflicto más grave lo generó nuestro padre. Llegaba a casa y preguntaba:

—¿Están los chicos?

Nos mirábamos sorprendidos, y luego a él.

—Estamos frente a tus narices.

Hasta que alguno de nosotros recordaba que con el término los chicos se refería a Felipe y Deliana. El resto ya no entrábamos en esa categoría. Y eso que había sido nuestra por bastante tiempo. Especialmente cuando mamá empezaba a preparar la casa para algún evento: sacaba los cubiertos de plata, la vajilla que había heredado de su tía, limpiaba las jarras, y ponía mantel en vez de individuales en la mesa del comedor adonde, dicho sea de paso, no podíamos ni asomarnos. Tampoco al living. Ni hablar de abrir la heladera. Mirándonos directamente a los ojos, a todos, y al mismo tiempo, cosa que no entendíamos cómo lograba, decía:

—No se les ocurra comer un solo huevo que están contados. Esta noche viene gente.

Imposible evitar la pregunta:

—¿Y nosotros qué somos?

Rara vez nos respondía en forma directa. Se iba a la cocina y escuchábamos las órdenes, y la respuesta, desde allí:

—Como le dije antes, fideos con manteca para los chicos. Sírvales a las siete y media, así terminan antes de que venga la gente.

Éramos chicos, no gente. Con la pregunta de papá, todos excepto Felipe y Deliana, quedábamos borrados del mapa.

A pesar de vernos desplazados, lo queríamos y mucho. Nos acordábamos constantemente de su tren eléctrico y de los juegos en la playa. Junto con Ricardo reflotaron la pista de autos, y la sofisticaron, a tal punto, que volvimos a pasar horas frente a una ciudad miniatura. Hacíamos carreras, simulábamos urbanizaciones enteras, y les otorgábamos distintas propiedades: unas muy desarrolladas, otras siempre en conflicto; cada uno se atribuyó un rol y fuimos, nuevamente, chicos con un juego de grandes. Absorbía gran parte del tiempo que Felipe debía dedicarle al trabajo con Ricardo. Eso o sus incesables conversaciones con papá acerca del sinfín de planes para mudarse. Cómo lo iba a conseguir, sin ahorrar, nos parecía imposible. Si bien Deliana tenía trabajo en un estudio bastante grande y bondadoso con los sueldos, su cuenta bancaria no crecía. Depositaba el sueldo entero; monto que, por alguna razón, desaparecía a los pocos días de haberse acreditado. Cuando Deliana le preguntó en qué la estaba gastando, él le comentó que era para una sorpresa pero que si la necesitaba, sólo tenía que pedírsela. Ella no pareció alarmarse; sin embargo, al resto de los que estábamos en la mesa, nos sorprendió. Había abierto otra cuenta con papá.

Mamá puso el grito en el cielo, literalmente. No lo hizo en ese mismo momento. Esperó a que terminara la comida y le dijo a papá que subiera, que quería ver algunas cosas con él. Normalmente, después de comer jugábamos a las cartas un rato y luego los que teníamos otra casa partíamos, el resto se quedaba viendo la tele o estudiando. Esa noche nos quedamos todos en el comedor, excepto mis padres. Y el resto esperamos a que bajaran. Nuestra casa en Washington era como la mayoría de las casas americanas. Habían sido construidas con paredes demasiado finitas para familias de origen latino. Sabíamos que era mala educación escuchar las conversaciones de otros, u opinar acerca de ellas en caso de que fuera imposible evitarlas. Podríamos habernos ido afuera, pero el invierno y la curiosidad nos lo impidieron.

—¿Cómo no me avisaste?, ¿estás loco? Sabés perfectamente bien, y Ricardo te lo dijo. Felipe es una bomba de tiempo. Es buen chico, pero no sabe si quiere quedarse.

La única voz que oímos fue la de mi madre. Papá emitió únicamente el clásico hmm que a veces admirábamos y otras detestábamos, más aún cuando sabíamos que lo hacía comprando tiempo para que el otro se calmara. Con ella, rara vez lo conseguía.

-Vos sabés que yo lo quiero muchísimo, pero tiene que aprender a manejarse solo en Estados Unidos. Acá las cosas no son como en Uruguay, y cuando los americanos decidan que puede tener una cuenta solo, se la van a dar. Quiero que mañana vayas con él al banco y la cierren. Pongan la plata de vuelta en su lugar.

-Hmm.

Para el momento en que bajaron las escaleras, no quedaba nadie en el comedor. Una multitud poco usual que lavaba platos limpios y los ubicaba nuevamente en el lavaplatos, los recibió con los más diversos comentarios.

-Papá, ¿no me prestás ese libro? ¿El de la caída del imperio romano?

-Hmm.

-¿Quién se va al centro temprano mañana?

-Mamá, hmm, ¿adónde se guarda la azucarera?

Difícil acordarse cuál de todos mis hermanos fue el inconsciente que puso en evidencia los nervios de todos. ¿Qué diablos hacía la azucarera fuera de lugar? En casa nadie tomaba café después del postre. Todos lo sabíamos, hasta el gracioso que hizo la pregunta. Únicamente se usaba cuando venía gente. Lo cual no éramos, y menos en ese momento.

-Chicos, por favor.

Mamá no entendía de qué nos reíamos. A decir verdad, nosotros tampoco. Hasta que papá soltó un último hmm. Tuvimos que desalojar la cocina, cabizbajos y ahogados. La mesa con los naipes, y el anotador para el campeonato de podrida, quedaron en el olvido. No así la cuenta de Felipe con papá, aunque el tema dejó de hablarse en público.

Fui constante en la manera de conducir mis actividades. Las académicas ordenadas y con rumbo fijo, las personales con la adrenalina del carrito de una montaña rusa. En los primeros años de facultad había conocido a Adriana, una colombiana con quien compartía clases, aventuras y carcajadas. Ella fue de lo más consistente: mantuvo un único novio, y jamás cambió su estado de ánimo con respecto al susodicho. Yo, en cambio, me enamoré y desenamoré de varios; o mejor dicho, me entusiasmé y me desilusioné con muchos. Nos diferenciábamos hasta en el acento. Ella nunca abandonó su excelente tonada colombiana; yo pasaba de hablar español con acento mejicano, al inglés con acento iraní; y llegué a pronunciar las eses y las zetas de modo diferente cuando viajé y me obnubilé con un español en Madrid. Siempre la tuve al tanto de cada detalle, de cada nacionalidad con la cual me iba relacionando. Ella preguntaba minuciosamente, curiosa y divertida. Yo respondía y analizaba mis opciones a medida que progresaba la conversación. Con las amigas anteriores, me había mantenido distante. No me encariñaba demasiado, tampoco las echaba de menos (gran cosa) cuando se volvían a sus respectivos países. La relación con Adriana fue distinta. Cualquier charla daba para calmar sus nervios y alterar mi tranquilidad. Cualquier cosa nos hacía reír. Hasta que llegó el momento de despedir a mi queridísima amiga. Cuando me comentó que se volvía, sentí un achicamiento muy desagradable en la boca del estómago. Pude ver reflejada, en nuestra relación, la de Kiko con papá años atrás, y entendí lo que esa separación debió de haber causado en ambos. Prometimos mantenernos en contacto, nos escribimos innumerables cartas, fui a visitarla a Bogotá en una ocasión, ella pasó por Washington un par de veces, y, poco a poco, ambas dejamos de comunicarnos. Sin interpretarla a ella, lo mío era una manera de no extrañar tanto, porque me daba cuenta de que nuestras vidas difícilmente se volverían a unir. Ella continuaba en Bogotá, con su mismo novio. Yo había conocido a un francés en la universidad.

Bigo, el francés, terminaba su posgrado y yo, mi carrera. Fui honesta y le dije que me encantaba, pero que tenía una larga historia de aburrirme al poco tiempo de salir. Le pedí que no empezáramos algo muy serio. Su respuesta fue clara.

-Yo, amigo tuyo, nunca.

Acepté el reto. Unas semanas más tarde del episodio de la cuenta de banco de Felipe y la azucarera, o unos meses, no recuerdo bien el tiempo que transcurrió, salimos a comer con Ricardo, una amiga que, si no era novia, la pegaba ahí no más, Felipe, Deliana, el francés y yo. La relación llevaba menos de un mes, y él había decretado que nos casábamos. Había dado la noticia tan de repente, que la comida fue sugerida por Ricardo para conocerlo mejor; o conocerlo y punto. Yo quería descifrar el grado de amistad de Ricardo con la nueva amiga. Creo que Deliana y Felipe aceptaron la invitación también por curiosidad, y con el propósito de convencernos, al francés y a mí, de que la decisión de casarnos había sido un poco apresurada. Además de conocer a los terceros en cuestión, reconozco que yo quería aceitar un poco la relación con Felipe. Me molestaba la admiración que mi hermana y papá le tenían. No lograba justificar esa actitud simplemente porque era el hijo de Kiko. A mi entender, ninguno de los dos era retribuido y tampoco se daban cuenta. Entre hermanos las cosas eran muy transparentes, abiertas, no siempre fáciles; pero nos manejábamos sin complicaciones. La imposición de que Felipe trabajara en la empresa de Ricardo había sido poco sensata. Especialmente si se toma en cuenta que una de las cosas que se hablaban seguido, cuando íbamos creciendo, era la importancia de no mezclar relaciones familiares con el trabajo. Si se generaban conflictos, ¿cuál de las dos relaciones se vería afectada? Sin duda las dos. Y no entraba en la cabeza de ninguno de nosotros dejar de vernos ni hablarnos con un hermano. Felipe no lo era, Deliana sí.

Durante la comida, Bigo, el francés, obtuvo un protagonismo importante y fue muy bien recibido por todos. Especialmente Ricardo, con el cual no paraban de conversar. Deliana lo observaba desde cuanto ángulo le era posible y, sin mucho disimulo, me indicaba con muecas sus aprobaciones o dudas. La amiga de Ricardo resultó ser muy abierta y divertida, y no sólo amiga. La conversación se focalizaba en nuestro casamiento (cuando era centralizada), y en deportes o literatura cuando se dividía. Qué libros había leído la amiga de Ricardo parecían ser uno de los temas que a Deliana más le preocupaban. Se dio, por supuesto, la pregunta de siempre.

-¿Leíste El Extranjero de Camus?

En mala hora, la respuesta fue negativa. No era un buen comienzo. Si no había leído ese libro, Deliana no la iba a considerar como referente para muchas otras opiniones. Era una de las medidas que tenía para evaluar a las personas desconocidas. Y eso que tenía, y tiene, un excelente olfato, si así se puede llamar, su habilidad para obtener una radiografía completa de cualquiera y en muy en poco tiempo. En vez de calmar la ansiedad que la pregunta había generado en la amiga de Ricardo, tuve el poco tino de ahondar en el tema.

-Bueno, pero seguro que leíste Flowers for Algernon. Es excelente. ¿Tampoco? ¿Qué lees?

Deliana nuevamente al rescate. Le dijo que ella tampoco había leído la obra que yo había mencionado, y cambió rápidamente de conversación, mirándome, sin disimulo alguno, para que dejara de ser tan descortés. Aunque ella había lanzado la pregunta habitual, lo había hecho con dulzura, y no había ofendido a nadie. Había sido, simplemente, su manera de evaluar el tipo de conversación que más se adaptara a la mesa. Agregó que iba a buscar el libro y se lo iba a prestar aunque no sabía si le gustaría. Y, por supuesto, le dijo, era probable que no le gustara, porque tenía una mente matemática, racional. Yo, sin embargo, la hubiera acribillado con preguntas y sugerencias de cómo y cuándo leerlo. Es más, hice exactamente eso.

-¿Cómo que no lo leíste? No sabés lo bien que está escrito. Es más, hicieron una película, Charlie, creo que se llamaba así. El tipo empieza con, bla, bla, bla.

Conseguí que la víctima de mi falta de tacto se diera vuelta y buscara a alguien más comprensivo con quien hablar: Deliana. Y ésta mantuvo el interés de la amiga de Ricardo hasta terminado el postre. Quedé tal cual un centro de mesa con flores altas. Corrida a un costado. Los varones ni se inmutaron. Su conversación tomó rumbo hacia los finales de algún deporte, y de esa manera evitaron, o eso pensé, involucrarse u opinar acerca de nuestra inquisición. De vuelta en el auto, la amiga de Ricardo nos comentó que mi hermana, una amorosa según su descripción, le había parecido de lo más agradable, y preguntó si podíamos pasar por casa antes de dejarla para que le diera el libro de Camus.

Durante el desayuno fue Felipe quien abrió la crítica a mi comportamiento de la noche anterior. Me comentó que le parecía raro que no me diera cuenta de cuán duros eran mis cuestionamientos. Él mismo se había sentido mal más de una vez, cuando yo le había preguntado cosas demasiado íntimas. No terminaba de entenderme. ¿Qué me llevaba a ser tan indiscreta? Me defendí sin argumentos, diciendo que, en mi opinión, estaba exagerando, y que nunca había querido ofender a nadie. No me gustaba que me corrigieran, y menos después del hecho. Apareció Deliana, impecable, como si se hubiese levantado hacía dos horas no tres minutos; dijo que no había sido para tanto, y cambió de tema. Ponderó al francés, comentó que le había parecido interesante, distinto a los otros, pero igualmente me preguntó si consideraría atrasar el casamiento. Me pidió que lo pensara, que hacía muy poco que lo conocía. En varias ocasiones, Felipe y Deliana, los dos, habían comentado que para ellos casarse no estaba en los planes, que pensaban más en trabajar, divertirse y, por lo tanto, no entendían nuestra decisión. El francés les había contestado que él pensaba divertirse mucho después de casado, que no veía el matrimonio como un obstáculo. Ellos se habían mantenido firmes.

Horas después tuve muchas ganas de retomar la conversación con Felipe, para preguntarle cuándo y cómo lo había ofendido. A mi entender, él todavía no sabía qué quería pero, mientras se decidía, tenía a mi hermana agarrada de una ilusión. Era mi opinión. No lo daba como verdad, simplemente quería estar segura antes de adelantarme a resolver un problema que quizás no existiese. Por suerte ninguno de ellos estaba en casa cuando se me ocurrieron todos los consejos que nadie había pedido.

Sería muy difícil explicar lo que sentí frente a la casa de los Muñoz en Carrasco. Papá y yo habíamos improvisado un viaje a Montevideo, juntos. Él por trabajo, y yo para descansar y repensar mis aceleradas decisiones. Kiko abrió antes de que tocáramos el timbre, abrazó a papá, y se lo llevó para adentro sin notar el puchero que quedó atrás. Estaban los dos encantados. Tendrían horas para charlar, reírse e invitar a más amigos a comer un asado para el cual prepararon rápidamente la lista de chorizos, morcillas, carbón, etc. Teresa se levantó del sillón y me dio la bienvenida con una sonrisa que consiguió que olvidara el desaire de los señores.

Con el pasar de los años, Teresa había mejorado no sólo su aspecto físico, sino también su capacidad de innovar en la decoración de cuanto ambiente tuviera. Ella y su casa estaban impecables. Siempre había sido una mujer delgada, atractiva y muy consciente de su cuidado personal. En mi opinión, superaba su imagen año tras año. Usaba la cantidad exacta de maquillaje, sacos que se ajustaban perfecto al ancho de sus hombros, y polleras o pantalones que parecían elaborados por sastres, no modistas. Cuidaba de sí misma y de sus propiedades. Mi recuerdo de la casa que tenían en Pocitos es que estaba siempre ordenada, como la nuestra; aunque bastante más acogedora. Mamá era práctica en la elección de los muebles y tapizados; porque aunque era de buen gusto, también tenía muchos hijos. Teresa, en cambio, se podía dar el lujo de usar géneros estampados, plantas y detalles que daban la apariencia de estar en casas parecidas a las de mis amigas en Bogotá. Tenía el arte de decorarlas elegantemente cálidas y extraordinariamente cómodas. Fotos y más fotos llenaban los estantes de la biblioteca, y acompañaban las lámparas de cada mesa de luz. Imágenes de Kiko navegando, Felipe y sus hermanas corriendo, todos juntos a primos y tíos en un asado, las chicas en bikini en la playa, Teresa y Kiko en su casamiento, papá junto a Kiko y al señor Vacarezza después de un partido de tenis, mamá y Teresa subiéndose al auto con mi abuela, Ricardo comiendo un cucurucho, y muchas más. Ninguna me mostraba lo que quería ver. En mi afán de revivir momentos que debería haber guardado en algún cajón con candado y sin llave, pregunté si tenía alguna de la casa de Pocitos, del tren eléctrico de Felipe y, por suerte, Teresa no me dejó terminar. Cambió de expresión y de tema. Preguntó si había visto el jardín y las flores nuevas y, sin esperar respuesta, me invitó a salir para mostrarme sus otras obras de arte. Deliana y Teresa eran muy parecidas en sus métodos, en su tacto, en su sensibilidad. Yo, en cambio, demostraba siempre la misma torpeza.

En ningún momento pude retomar la pregunta del baúl ni del tren eléctrico. Mi anfitriona sugirió que tomáramos un té y charláramos acerca de mi vida. Quería que le contara cualquier cosa con tal de no tener que retribuir con sus propias historias. Sin aplicar filtro alguno, le comenté lo que estaba estudiando, en qué estaba trabajando, al igual que muchos de mis planes para un futuro que no creo le interesara y, sin embargo, me frenaba seguido con preguntas que estiraban cada relato, pidiendo detalles que para mí eran irrelevantes, pero nunca dejé de contestarle.

—Y tu hermana, ¿cómo anda?

¿Esperaría que le contara cada detalle de lo que pensaba respecto a la relación de Deliana con su hijo? ¿Quién era yo para interpretar los sentimientos de otro? Igual di mi opinión y ella escuchó atentamente. ¿Me parecía que eran felices? ¿Lo veía a Felipe contento con su vida en Washington? ¿Qué planes hacían los fines de semana? ¿Tenían un lindo grupo de amigos? Nunca le pedí que me definiera un poco mejor cada pregunta para ver en qué sentido debía responderla. Asumía y me mandaba. Le comenté que, en mi opinión, no eran tan felices como si estuvieran enamorados; y, por supuesto, si no estaban tan enamorados, consideraba que la vida de Felipe no podía ser tan llevadera en casa. Todo eso le dije, y más. Sus fines de semana estaban llenos de programas, no todos con Deliana y la mayoría sin nosotros. Tenía un conjunto de amigos que lo llamaban de vez en cuando a casa, pero rara vez vimos a ninguno de ellos. Por lo general se iba sin avisar adónde ni a qué hora volvería.

—Eso a tu madre la debe de volver loca.

—Sí, y lo reta tal como lo hace con nosotros, pero con tu hijo lo único que consigue es hacerlo reír. Él le dice que no se preocupe, que no tiene por qué dejarle comida preparada, mamá le contesta que para ella no sería preocupación si supiera la hora, él le vuelve a decir que nunca conoce sus horarios, y la discusión termina ahí. A veces papá lo defiende, y otras directamente lo acerca a alguna parada de subte si Deliana no le puede prestar el auto.

Deliana y Felipe no compartían gran parte del tiempo libre. A Felipe le sobraban las horas, Deliana cada vez trabajaba más; y si papá era ciego, quizás Teresa pudiera hacer algo. Tratando de arreglar situaciones, he llegado a hacer todo lo contrario. Esta fue una de ellas. El tiempo ocioso de su hijo y la falta de compromiso con nosotros la pusieron mal y prometió llamarlo para ver qué le pasaba justo cuando los hombres entraron en el living. ¿Para qué iba a llamarlo?, ¿acaso estaba enfermo? Si anda vagueando es que algo le pasa. Sin mirarme, y en palabras cortantes, papá le dijo a Teresa que Felipe estaba regio y que yo exageraba. Hubiese preferido que me retara, que me diera la oportunidad de defenderme.

Lena y su hermana me esperaban para el copetín. No pensaba llegar tarde ni perder un minuto de tiempo con esos dos personajes. Lo primero que hice al entrar fue contarles la macana que me había mandado en lo de los Muñoz. A diferencia de mi padre, en vez de retarme, me convencieron de que debía cambiar mi carrera e incorporarme de inmediato al cuerpo diplomático de la República Oriental del Uruguay. Y hablando de diplomacia, me preguntaron cómo estaba con el chico francés y qué planes tenía con él. Les dije que me iba a casar. Lo conocí mientras cursaba una maestría en relaciones exteriores, nacido en París de padre alemán y madre francesa. Su padre había muerto cuando Bigo apenas cumplía un año y su madre se había mudado a la casa de su hermana en Buenos Aires.

—Mirá vos, parece un muchacho de bien.

A Lena había una sola cosa que no le gustaba: la gente de cara larga. Le dije que el muchacho era un encanto, que vivía con una sonrisa en la boca. No dudaba de que ellas siempre lo verían de buen humor, Bigo era un diplomático. De carrera y de alma.

Felipe y Deliana no hablaban de matrimonio. Sin embargo, muchos de nosotros estábamos en casa el día en que papá, entusiasmado como pocas veces lo habíamos visto, le mostró a los chicos, la lista de invitados y actividades que habían programado junto con Kiko para el casamiento. No recibió una respuesta positiva. Deliana le dijo que no le parecía bien que la presionara; tenían mucho para resolver antes de tomar una decisión. Papá ignoraba que Ricardo había resuelto no mantener a Felipe en la empresa. Lo tenía que echar, o perdería al resto de sus empleados. Pasaba muy poco tiempo en la oficina, aportaba menos de lo que su sueldo reflejaba; se había convertido en alguien difícil de justificar dentro de la organización. Deliana le había pedido tiempo para hablar con él; aunque, le era sincera, no tenía muchas expectativas de lograr un cambio.

Tuve la poca discreción de entrar en nuestro cuarto justo cuando ella y Felipe conversaban acerca del poco compromiso del hijo de Kiko con su trabajo y la relación entre ambos. Los ojos de mi hermana estaban más hinchados que de costumbre, pero su voz era firme y las frases no sufrían de incoherencia. Tampoco interrumpieron al verme. Continuaron y, mientras tanto, yo buscaba cosas. No me acordaba de qué era lo que necesitaba, o si necesitaba algo, punto; sin embargo, no pensaba salir. Di vueltas por unos minutos. Saqué una bolsa de dormir, un par de botas negras de cuero, dos sweaters, algo de ropa interior, un libro de estadística, una novela, dos shorts, y daba explicaciones al aire, -Me llevo también el traje de baño por las dudas; ah, el secador de pelo, igual vos tenés otro, ¿no?-. Mis manos trataban de sostener cada uno de los objetos, al mismo tiempo que evitaba mirar a la pareja en discordia.

No terminaba de entender si Felipe estaba enojado o triste. Por primera vez desde que era muy chico y se había mudado a Carrasco, escuché que mencionara el baúl y la piletita.

-Nunca dije que me iba a quedar en este país, eso lo sabés bien. Me vino bien en un montón de aspectos y en otros me abrió los ojos. Me conmovió ver a los chicos de al lado jugar con la pelopincho, parecidísima a la que había en el jardín de casa. No sé. No me veo viviendo acá por mucho tiempo más. Tengo ganas de ver a mamá, tomar un café tranquilo con familia, amigos, sin que ninguno esté cortando el pasto o pintando paredes. Acá la gente no disfruta y no quiero terminar así. La vida es demasiado corta.

-¿Qué tiene que ver la pelopincho?

—No importa. Y tu hermano exagera. No se puede medir el trabajo por la cantidad de horas.

—Ya me dijiste eso. ¿Por qué no hablás con él y le decís lo que me dijiste a mí?

—Ni pienso. Tomé el trabajo por tu padre. Si tengo que agradecerle a alguien la oportunidad, es a él. Al resto no tengo por qué darle explicaciones. Aparte, ¿vos de qué lado estás?

Deliana le reiteró que no se trataba de lados opuestos, y que él se equivocaba si lo había asumido de esa manera. Sin entender qué me llevó a hacerlo, largué un –Obvio, nene, hasta ahora éramos todos un mismo equipo–. Decidieron salir a dar una vuelta y me dejaron guardando todo lo que venía acumulando en su lugar original.

Esa noche le pregunté a Deliana cómo estaba. Triste pero bien, me contestó. Me preguntó si iba a leer mucho tiempo más porque tenía sueño, le dije que sí, pero que si le molestaba me iba abajo. Apagué la luz y llevé mis dudas y mi libro al estar. Mamá veía la tele, fumando su último cigarrillo del día. Me ofreció uno y pidió que la acompañara. Quiso saber cómo estaba Deliana, le respondí que más o menos, pero con sueño, y dijo que ella también se iba a dormir, que no me quedara hasta tarde y que apagara todas las luces antes de subir. Si hubiese contestado que Deliana estaba por ir a una fiesta, me hubiese preguntado con quién, qué se iba a poner, a qué hora era, adónde, quizás hasta hubiésemos fumado un segundo cigarrillo para estirar el tiempo y la conversación. Lo trivial daba para horas; lo personal y profundo también, pero únicamente cuando hablábamos de nosotros mismos, no de lo ajeno.

Ricardo dejó pasar unos meses, no dijo nada; y si papá le preguntaba cómo estaban las cosas, evitaba responder. Esperó el tiempo justo para comunicarle que Felipe debía buscar otra forma de ganarse la vida. Lo hizo después de mi casamiento y se lo agradezco en el alma. Hubiera sido muy desagradable ver a papá llorar de rabia o de tristeza, y no de emoción, mientras entraba en la iglesia. Qué difícil fue explicarle que uno de los chicos se volvía a Montevideo.

Los días consiguientes fueron una tortura. Estar en casa sin auriculares era casi imposible. Los chicos estaban peleados y no paraban de hablar con cualquiera de nosotros con tal de no hacerlo entre ellos. El resto de la familia evitaba ser blanco de ninguno de los dos y lo conseguía jugando al ping-pong con entusiasmo y muchos gritos, poniendo música o mirando algún programa de televisión a todo lo que daba el volumen para anular a la pareja en discordia. Deliana buscaba aliados; Felipe, valijas y bolsos. Todos, menos papá, sabíamos exactamente por cuál de los dos tomaríamos partido; aunque no lo haríamos evidente antes de que el hijo de Kiko tomara el avión. El ambiente era tristemente tenso. Probé una y otra vez hablar con mi hermana. A veces lo logré, aunque por lo general yo terminaba contándole mis cosas y, cuando trataba de volver a sus temas, apagaba la luz o se ponía a llorar. O cambiaba de tema.

-Nicole, ¿por qué dejás que Bigo te hable de esa manera? Contestále. Si no ponés límites a las personas, cada vez te van a tratar peor.

-¿Qué sabés? A lo mejor Bigo tiene toda la razón del mundo para frustrarse conmigo. Vivo olvidándome de todo.

Desde el momento en que Bigo me había propuesto o, mejor dicho, me había decretado matrimonio, mi atención a los detalles administrativos había sido un tema de discusión. Empecé por olvidarme de que necesitaba un vestido especial para entrar a la iglesia y que debía decidir por lo menos si lo compraba o lo mandaba a hacer.

-No me parece que seas tan despistada. ¿Cómo no te defendés?, ¿quién se cree que es? Decíle algo, no seas tan buena.

-¿Quién te creés que sos? ¿Me vas a decir a mí cómo manejar una relación justo cuando vos estás en el medio de destruir la tuya?

Imposible seguir discutiendo. De sus ojos aparecían unas lágrimas gruesas que rodaban rápidamente por encima de las pecas y le daban a su cara un aspecto desolador. Ella dejaba de hablar, y yo me sentía culpable de haberla herido. A tal punto que me olvidaba de que también yo había sido atacada. En estos momentos, Ricardo nunca estaba disponible, aunque estuviera presente. Tampoco me quedaba claro qué opinaba al respecto, excepto que no le divertían las discusiones ni pensaba perder tiempo en tenerlas.

No nos dábamos cuenta de si Deliana estaba realmente enamorada de Felipe o si éste se le había convertido en una obsesión por su inminente partida. Decía quererlo cada vez más; sin embargo, sus ojos se mostraban mucho menos comprometidos a medida que pasaba el tiempo. Él se iba, y lo planteaba como un deber. Tampoco le interesaba mucho quedarse, ni lo ponía en el tablero; según decía, no era una opción. Tenía que volver y conseguir que sus padres lo dejaran de necesitar. Ricardo mostraba poca paciencia cuando lo escuchaba hablar de manera tan rebuscada, simplemente se levantaba y se iba. No era mi caso. Trataba de convencerlo de que, justo volviendo, no era la manera de conseguir despegarse. Tampoco veía que Kiko y Teresa estuviesen tan enloquecidos por el hecho de que regresara y dejara una imagen tan débil en Washington; esto último quizás lo agregaba yo y no sé si era compartido por sus padres o los míos. Me daba muchísima bronca que hubiera usado a dos de mis hermanos con tan poca consciencia de ello. En una carta a Ignacio, planteé este tema como si desde su ubicación pudiera hacer algo para salvar el honor de todos. Como si estuviésemos hablando de algo tan dramático. Desconozco qué me llevaba a tratar de resolver problemas, inexistentes hasta el momento en que yo misma los generaba. Puedo explicarlo únicamente por la satisfacción que me daba resolver cuestionamientos ajenos.

Querido Ignacio,

Continúo escribiéndote acerca de una familia que apenas pudiste conocer. Sin embargo, creo que te gustaría saber en qué andan. Parece que tu madre puede al fin recordarte sin que al mismo tiempo la invada una dolorosa nostalgia. Sé que suena mal, porque podrías inferir que ya no te extraña. Al contrario, creo que intuye que, viviendo bajo el temor de nunca jamás volver a verte, puede llegar a causar exactamente eso… Por lo tanto (y acá estoy simplemente adivinando), se ha dedicado a vivir cada minuto como si fuera el último, como si no quisiera dejar nada pendiente. Supongo que, con esa actitud, se asegura un correr del tiempo más ágil; sin desperdicio, sin posibilidad de pensar, de sufrir…

No dudo de que vos los entendés mejor que nadie. Me atrevo a afirmarlo, porque considero que el simple hecho de haber dejado de vivir tiene que dar una sabiduría adicional a la que teníamos antes de iniciar este pasaje, sin importar su duración. Ya sea para justificar el trayecto; o para que, al volver, podamos aportar las lecciones adquiridas a través de las distintas vidas.

De ser así, quizás ya estés entre nosotros de alguna otra manera, y sabrás calmar la angustia que siente Felipe al no poder dar vuelta el reloj en sentido contrario, y volver a aquel día en el que se enojó contigo por haber tirado la pelota. Debería saber que era algo que tenía que suceder, que no fue su accionar el que terminó con tu vida. Simplemente fue el final de tu momento, en ese estado que conocimos, con esos rulos y esa risa que llevamos grabados dentro de nosotros desde hace años.

Qué egoísta lo mío… Qué bien me hace escribirte.

Nos vemos,
yo

Kiko y Teresa conocían al francés por primera vez, y sin embargo no fue esa su principal preocupación cuando nos abrieron la puerta. Se centraron en preguntar por papá, y cuál había sido su reacción frente a la ruptura del noviazgo entre Deliana y Felipe, del cual él mismo estaba enamorado.

–¿Qué dijo? Debe de haber sido el que peor quedó.

Lo conocían bien. Teresa me pidió que le dijera que todo suceso natural en la vida era simplemente eso, un suceso. Debía verse como tal, disfrutando los aciertos y aprendiendo de los errores. Intolerables eran los eventos fuera del orden natural. Iba a ser un mensaje fácil de transmitir y, por qué no, de incorporar. Kiko fue más directo. Hacia papá y hacia su ahijado postizo.

–Decíle a tu padre que se deje de jorobar. ¿Cómo está Ricardito? No sabés lo que extraño a tu hermano.

No quise saberlo, cambié de conversación.

Me impactó lo que irradiaba Teresa. Durante años, sus ojos habían transmitido un dolor inmenso. Y su relación con Kiko había parecido a veces tirante; otras, indiferente. Esta vez nos recibieron sonrientes y abrieron un vino para celebrar mi casamiento. Se sentaron juntos en el sofá que miraba la chimenea prendida y acogedora. En más de una ocasión pude ver que se tomaban de la mano. No eran un matrimonio que demostrara afecto en público, menos aún que tuvieran conversaciones de interés mutuo. A Teresa le gustaba hablar de libros y de moda, a Kiko de barcos o golf. Una lástima que no pudiera estar Felipe, nos habían dicho cuando nos llamaron al hotel, pero tiene un viaje. Aceptamos ir enseguida sin demostrar el alivio que esa noticia nos causaba. De ser posible, evitaríamos verlo por un tiempo muy largo. Se había ido de Washington con parte del corazón y de la plata de Deliana.

Fue complicado tapar el agujero emocional, no así el vacío monetario. Lo cubrió papá con un cheque. Felipe le pagaría en unos años, se lo había prometido. Nunca supimos cuál fue el argumento con el que convenció a mamá, considerando que nunca le había hecho caso y que nunca había cerrado la famosa cuenta. Nada de eso tenía sentido que supieran Teresa y Kiko, por lo menos no a través de nosotros. No era una tragedia.

La conversación continuó por un par de horas, siempre en torno a temas actuales. ¿Qué carrera estaban siguiendo mis hermanos más chicos?, ¿adónde trabajaba yo?, ¿cómo eran los padres del francés?, ¿papá los conocía?, ¿se llevaba bien?, ¿estaba contento de poder practicar su propio francés? Las preguntas no me permitieron recordar momentos en Pocitos, ni volver a Washington con novedades para mis padres. En mí, era un comportamiento recurrente. Veía a gente, charlaba largo y tendido; pero tenía una tendencia a monopolizar la conversación, a dar mis noticias y consejos. En el caso de los Muñoz, mentí. Dije que lo había hecho con la excusa de protegerlos, de esconderle los detalles de la huida de Felipe, de no hacer que se acordaran de Ignacio. Volvimos al hotel sin más que un par de abrazos y varias copas de vino encima. Cuando mis padres me preguntaron acerca de los Muñoz, no tuve respuestas. Nunca supe si Kiko seguía pensando en retirarse, si Teresa seguía leyendo biografías, si estaban contentos con los maridos de las chicas. Nada, no había averiguado nada. La única información que di fue que estaban un poco más viejos pero que los había notado bien, especialmente a Teresa. No debería de haberme sorprendido cuando mamá la llamó unos meses más tarde y aprovechó no sólo para ponerse al día, sino también para agradecerle que me hubiera recibido y para preguntar si la había agotado con mis charlas.

Con mi abuela había sido bastante más divertida la visita. Siempre lo era. Me sentaba en el sofá delante de las dos y me convertía en esponja. Ellas me preguntaban cualquier cantidad de cosas, pero me quedaba el tiempo suficiente para que retribuyeran.

Proteger a los mayores se había convertido en un deporte. Protegerlos o callarles datos que podían herir mucho y aportar poco. No sé si empecé a hacerlo porque me habían enseñado a no acusar o para evitar ser sometida a dar explicaciones que durarían horas. Por ejemplo, cuando Ricardo había despedido a Felipe, nos había llamado a Deliana y a mí para comentarnos y juntos decidimos no decirle a papá.

-Se va a dar cuenta.

-Si no lo ve en todo el día. No tiene idea dónde está ni qué hace.

-Y para que mamá no lo vea, ¿le vas a decir que se meta en un placard?

-Mamá ya sabe.

A ella no había que protegerla. Sabía todo. Siempre había sido una mujer de un peso normal, pero insistía en hacer una dieta tras otra para perder los dos kilos de más que decía tener encima y ninguno de nosotros veía. A medida que fui creciendo me convencí de que no eran los kilos de carne lo que la afectaban, más bien eran los kilos de secretos que le imponíamos. A algunos de ellos los guardaba por unos días nada más, como por ejemplo un regalo que uno de nosotros compraba a papá; otros más personales y existenciales, los guardaba por años. No largaba prenda ni para decir que ya lo sabía aun cuando ya había sido revelado a otros. Guardó algunos secretos por tantos años que llegó a olvidarse de que los tenía. Uno de ellos fue el de una tía, entera. Siempre nos había dicho que su madre tenía dos hermanas. Sólo conocíamos a una de ellas, la otra había muerto antes de que mamá y papá se casaran. Los mayores vivimos en Uruguay pocos años después de nacer. Sin embargo, durante toda nuestra estadía en el exterior, viajamos cualquier cantidad de veces a Montevideo; en todos esos viajes nos quedábamos en la casa de mi abuela, que vivía con la hermana que conocíamos. Una de las cosas que más nos gustaba cuando íbamos eran las anécdotas. Ambas eran muy divertidas. Ellas y las anécdotas. En sus historias incluían constantemente a la hermana menor, la que había muerto. Y no exagero cuando digo que los relatos eran muchos. De cuando estaban en el colegio, de los viajes a Buenos Aires, a Mendoza, a Santa Fe, de los matrimonios de cada una de ellas, que supusimos habían sido tres, de amigas, en fin. Es cierto que las anécdotas empezaban con los nombres y nunca con cantidades. Por ejemplo, no decían: -Cuando las tres fuimos al baile...- Decían: -Cuando fulana, mengana y yo fuimos al baile...- Estos cuentos también se hacían cuando nos venían a visitar.

Si no me equivoco, uno de sus últimos viajes a Washington fue para mi casamiento. Iba a ser la primera en celebrarlo en una iglesia. Ninguna de ellas lo había podido hacer, ya sea por cuestiones de salud o de política. Todas, incluyendo mi madre, habían visto frustrado su sueño de entrar en una iglesia vestidas de novia. Para el caso, yo tampoco lo vi realizado; pero fue más bien por miope que por otra cosa. En esa visita, y por primera vez en años de conocerlas, trajeron fotos de cuando eran chicas. Miré una por una y les pregunté quién era quién, dónde estaban. Por los gestos supuse que inventaban o se confundían, aunque nunca se quedaron mudas. En más de una, surgió una tal Julia.

-Está en un montón, ¿qué era de ustedes?

-Hermana.

-¿Cómo hermana? ¿No eran tres?

-No, no, éramos cuatro. Lo que pasa es que ella murió muy joven. Bueno, mejor dicho, no se murió, se mató. Pobre.

Julia era mucho mayor a la que nosotros conocíamos como la mayor. Según el cuento de estas dos señoras, a las cuales ya no había forma de saber qué creerles, sus padres, nuestros bisabuelos, no podían o creían que no podían tener hijos. Entonces habían adoptado a Julia quien, en las fotos, era muy parecida a ellas; pero las imágenes eran viejas, y en blanco y negro ¿Cómo no nos convencíamos de que era por eso que todos tenían un aire familiar? Nueve años después de la supuesta adopción de Julia, mis bisabuelos no habían podido entender el embarazo que había surgido de la nada. Menos aún, los dos consiguientes. Claramente por la diferencia de edad, Julia no había compartido un montón de las cosas que nos habían estado contando, por eso no nos era familiar su nombre. En vano, preguntamos cómo había muerto. El diálogo había tomado envión y no nos incluía.

-¿Te acordás? Qué carácter tenía. Sin embargo, conmigo se llevaba bien. Con vos no tanto.

Agregaban detalles, más que bienvenidos; pero no aclaraban absolutamente nada. Como Julia ya no iba al colegio cuando ellas todavía andaban con el tintero, los uniformes y las clases de tenis, se había acostumbrado a vivir, la mayor parte del día, como si fuera hija única. A la tarde, las tres hermanas que siempre conocimos como tal, conseguían, sin mucho esfuerzo, interrumpir esa tranquilidad. A Julia también le gustaba escribir y cuidar de las flores que ella misma plantaba en las macetas de los distintos balcones. Nunca había dejado ver lo que escribía, se enojaba si entraban a su cuarto sin golpear y, muchas veces, aunque golpearan, tampoco se molestaba en contestar ni abrir la puerta. En algunas ocasiones sus enojos se manifestaban con gritos; otras, directamente no aparecía a la hora de comer o directamente no salía de su cuarto. Pasaba de un estado de ánimo calamitoso a otro de euforia sin previo aviso.

A medida que progresaba la conversación, crecía también el entusiasmo en recordar a esa hermana que no habían mencionado por décadas. Por lo menos no en público.

-Alguien debería escribir estas cosas.

-Qué divertida que era. ¿Te acordás? Se le juntaban las cejas cuando se enojaba, así- y ponían los dedos arriba de las cejas en forma de V como ayuda visual- Y, de repente, de un momento a otro, las veíamos bailando en el living con las cejas y los labios separados.

Sonreían exageradamente, abrían bien los ojos, y cambiaban los dedos a una forma que denominaban techo de casita; es decir, una V invertida y abierta. Esperamos un buen rato a que dejaran de reírse. Con cada anécdota, alguna de las dos hacía una mueca y la otra se contagiaba. Resultaba impresionante que hubiesen obviado contar absolutamente nada de Julia durante tantos años. Años en los cuales había, entre otros, cuentos que se habían dado en momentos de las comidas a la noche, o viajes al interior del país con toda la familia. En fin, en ninguno de ellos había aparecido la cuarta hermana. ¿Habría muerto cuando ellas todavía eran muy chiquitas? No. Suponíamos mal. No entendíamos nada, y suspiraban como si fuese un sacrificio darnos los detalles. Julia no siempre tenía mal carácter. A veces era divertidísima, y era en esos momentos cuando aprovechaban para hablar con ella; porque era grande, y porque la admiraban.

-¿Te acordás cuando nos mostraba los diarios que tenía escritos? Nunca abiertos. Sólo nos dejaba tocar las tapas.

-Pobre, no era mala, era un poco rara. Y bueno, ¿qué querés? Era adoptada.

¿Qué tenía que ver una cosa con otra? Seguíamos preguntando en vano. Entre ellas y nosotros había muchos años de diferencia, y no íbamos a ponernos de acuerdo en conceptos tan profundos. Lo mismo que nunca habíamos conseguido convencerlas de que nos parecía bien que la mujer trabajara y que, con la plata que ganaba, aportara a los gastos de la casa. Tenían varios dichos, que nos daban como propios; e insistían en que los incorporáramos como leyes no escritas. Algunos eran imposibles de incorporar, dada nuestra edad y entusiasmo, como aquel que decía: El trabajo dignifica al hombre, no así a la mujer. Otro que repetían cuando nos peleábamos, era: Los hermanos sean unidos, porque esa es la ley primera… Considerando el cuento de Julia, no nos parecía que eran las más indicadas para repetirlo; aunque cuando se lo recordábamos, nos largaban el clásico, haz lo que yo digo, no lo que yo hago.

De acuerdo a las fotos y a los relatos, Julia había sido una mujer muy interesante, femenina y de aspecto elegante. Si bien de chica había desplegado una personalidad introvertida, de adolescente se había hecho de un grupo de amigos. -Eran gente de bien, pero no muy normales- fueron las palabras que usó mi abuela. pero no muy normales. Nunca hubiésemos adivinado que los escritores eran considerados seres anormales. Para cada conclusión extraña existía un razonamiento lógico. Resulta que una pariente, lejana según el cuento, y no tan lejana después de preguntar un poco, por escribir poesías y estar permanentemente en la luna de Valencia, se había deprimido de tal modo que se había ido al mar y nunca había vuelto. Así no más, dispararon otra bala sin apretar el gatillo, en medio del cuento de Julia. Nos pareció prudente esperar a que terminaran, antes de preguntarles quién era la nadadora y qué era de nosotros. Aparecía familia por todos lados, aunque lamentablemente, sin posibilidad de conocerlos en primera persona.

Según el relato, uno de estos amigos de Julia, quizás el menos normal de todos porque además de ser escritor era de esos que no usaban corbata ni trabajaba en un estudio, había mostrado, Dios nos libre, intereses amorosos. Hasta había tenido el coraje de pedir su mano a mis bisabuelos. Julia había sido enviada al exterior por seis meses, con la excusa de que ya tenía edad para aprender bien el francés, y con el deseo oculto de que abandonara la relación con ese chico tan raro. Con el tiempo y la distancia, el amor había crecido; por lo tanto, al regresar ella, mis bisabuelos no habían tenido más remedio que entablar una larga conversación con el novio. Habían considerado de suma importancia revelar el hecho de que era adoptada.

-Resulta que este buen muchacho se lo tomó muy a pecho, y dejó de aparecer por casa. Pobre Julia, no pudo soportarlo.

-¿Qué pasó?

-Se tiró del balcón.

Mudos. Quedamos todos mudos. No sabíamos qué preguntar, y menos qué opinar. Antes de que pudiéramos reaccionar, mamá dio dos palmadas

—Bueno, bueno…

Esa secuencia de palabras repetidas, significaba que el tema y el humor debían cambiar. No hubo forma de encontrar las respuestas al sinfín de preguntas que surgieron en nuestras mentes. ¿Dónde estaban ellas cuando se tiró?, ¿qué edad tenían?, ¿cómo se enteraron?, ¿qué sintieron?, ¿qué habían hecho con los diarios de Julia? Y, ¿esa otra parienta que se había internado en el mar? Sin duda era la famosa poeta argentina del mismo apellido que ella pero que habían negado conocer. Si alguien se suicidaba ¿era borrado del árbol genealógico?

Parte III

Por una cuestión de valores no monetarios sino más bien humanos, Bigo y yo decidimos mudarnos a Buenos Aires; y por razones similares, Deliana había hecho lo mismo unos años antes que nosotros. Durante todo el tiempo que habíamos vivido en Estados Unidos, si bien nos habían encantado el orden, la facilidad y claridad con la que se podía avanzar en cualquier dirección, nunca habíamos dejado de añorar algo. Siempre se encuentra algo para extrañar cuando uno supone que, en otro lugar del mundo, se va a estar mucho mejor que en el actual. Por lo tanto, por principio o por desolación, o una mezcla de ambos, mi hermana y yo abandonamos a nuestros padres y hermanos para establecernos en una ciudad que nos daría ese calor humano; el cual, sin darnos cuenta, ya teníamos. Bigo trató de ayudarme, insistiendo con que yo iba a necesitar a mi familia. Me dijo varias veces que lo pensara, que si no quería dejar a los míos, él lo entendería; iba a extrañar, lo intuía, y no iba a ser fácil volver atrás. ¿Quién era él para conocerme mejor que yo a mí misma? ¿Por qué iba a extrañar, si yo no necesitaba de nadie? Y aunque fuese cierto, ¿por qué no íbamos a ser capaces de volver atrás en un futuro? De chico, él había vivido algunos años en Argentina, decía que era su segundo hogar y quería volver, pero que no lo iba a hacer a costa de mi felicidad. Qué ridiculez, cómo iba a ser infeliz en un lugar donde la gente se junta a tomar café en las esquinas para hablar del país, los domingos come asado o va a la cancha y siente la vibración que sólo la hinchada de Boca puede generar. ¿En qué otro lugar del mundo iba a ver a Bigo tan contento?

Si algo aprendí de las mujeres mayores de mi familia, era que la felicidad del hombre era esencial al bienestar de la mujer. Cada vez que le comentaba a mi abuela o a su hermana que tenía un trabajo nuevo o que nos estábamos por mudar o que íbamos a comprar una bicicleta, daba igual, me preguntaban si Bigo estaba de acuerdo, si a él le gustaba. Una vez les había contado por teléfono que estaban por ofrecerme un puesto en el cual iba a tener que viajar cualquier cantidad.

-¿Te van a ascender?

-Sí, de piso, de jerarquía y de plata. ¿Qué tal?

-Qué bueno, querida. ¿Y Bigo qué dice?

-No le gusta mucho la idea de que me vaya tan seguido.

-¿Entonces para qué lo vas a tomar?, ¿qué necesidad tenés de darle un disgusto?

Decliné antes de recibir la oferta formalmente. Bigo no estaba conmigo cuando tuve esa conversación; sin embargo, nunca preguntó qué había pasado con el puesto. Era tan o más sabio que ellas. No me condicionaba, alguien lo hacía por él.

Mamá y papá nos despidieron en Washington, Deliana fue a recibirnos a Ezeiza. Pensé en cómo habían cambiado las despedidas a través de los años. Cuando éramos chicos, nos separábamos hasta que llegara la primera carta, por correo, con estampillas, escrita a mano y llena de novedades, seguida por otras tantas en el correr de las semanas. Para continuar con la rutina del papel y birome, en mi bolso de mano, llevaba unas líneas de mamá a Deliana, en las cuales le mandaba muchos cariños y le comentaba que la iba a llamar en un par de días para que le contara cómo estaba y cómo habíamos llegado. También pidió que en cuanto nosotros tuviéramos teléfono, la llamáramos para darle más detalles. Difícilmente recibiéramos más novedades que las que nos diera por teléfono en las comunicaciones de larga distancia, que bajaban de precio los domingos y por las noches, arruinando así todo tipo de espontaneidad. Por escrito, simplemente nos llegarían una tarjeta de Navidad y otra para el cumpleaños. Aterrizamos con un par de valijas y muchas expectativas. Las mías se basaban en fantasías; las de Bigo, en un pasado no muy cercano.

Era un día de agosto, frío, gris, lluvioso, para nada el tipo de día que me había encontrado en Buenos Aires en mis escalas hacia Montevideo. Argentina era otra cosa, era lo que habíamos estado escuchando en Washington por boca de quienes la vivían y de quienes la extrañaban. Pero encontré una Argentina distinta a la que había imaginado. Uno de los cambios principales era que hacía apenas unos meses que se habían privatizado las empresas de servicios públicos; conseguir una línea de teléfono era más fácil que en tiempos anteriores, pero aún no con la eficiencia que conocía desde mi aterrizaje en Estados Unidos, casi veinte años atrás. Hacía menos de un año que habían vivido una inflación galopante y una corrupción que llegaba hasta el hombre más común, hasta la persona que iba a comprar entradas de cine. Teníamos entendido que muchas de las empresas se habían limpiado de esa corrupción por el simple hecho de haberse convertido en privadas; por haber agregado sistemas de sueldos, premios y castigos, tal cual los conocía en mi vida laboral americana.

Faltaban otras tantas, aunque la mayoría ya estaba en camino a ser digna de participar en el primer mundo.

Igualmente, algo de la vida anterior relucía por algunos rincones. Pocas semanas después de llegar, acompañé a Bigo al escribano, profesión que nunca había conocido hasta ese entonces. Quería darme un poder para que pudiera hacer trámites, estuviera él o no presente. Por las dudas. No teníamos todavía ni un auto, pero hasta para comprarlo me iba a venir bien tener el poder. Nos llevó un amigo de Deliana, que vivía cerca del departamento que habíamos alquilado por dos años para darnos tiempo a evaluar adónde íbamos a instalarnos definitivamente; o evaluar si, en definitiva, queríamos instalarnos, o volver. Esto último era mi punto de vista, no el de Bigo. En la escribanía teníamos que firmar varios formularios, lo cual hubiese sido tan simple como sentarnos en el escritorio que quedara disponible; pero como llevábamos documentos encima, tuvimos que esperar a que se liberara una sala de reunión. La habían reservado para una escritura, lo cual explicaba la presencia de los dos guardias parados en la puerta. Que explicaba, no entendí. Pregunté por qué tanta seguridad. Cuando habíamos escriturado en Washington, lo habíamos hecho en las oficinas de la inmobiliaria. Nosotros, los compradores, habíamos firmado un sinfín de formularios, entregado un cheque certificado y ellos, los vendedores, nos habían dado las llaves de la puerta de adelante, el aparatito para abrir el garaje, una botella de champagne para que celebráramos y, por último, un apretón de manos con una sonrisa genuina. Celebración que incluyó al de la inmobiliaria. El amigo de Deliana me comentó que no era igual, pero cuando estuvo a punto de explicarme las diferencias, se abrió la puerta y salieron, uno más serio que el otro, todos con maletines y sobres en la mano; ninguno con una botella de champagne, ni siquiera de vino.

La explicación llegó meses más tarde cuando bajaba el ascensor por vez número quinientas con un señor que vivía en el mismo edificio, pero que no alquilaba, sino que había comprado. Era un suplicio verlo a través de la ventanita de la puerta cuando se frenaba en mi piso. Sabía que tendría varios minutos de quejas en el descenso y posteriormente en el lobby. Por más que trataba de huir, era de esas personas que hablan al mismo tiempo que te van arrinconando, y cuando se les complica, directamente te toman del brazo para que no te escapes. Se quejaba de absolutamente todo. El termo tanque no funcionaba e iba a tener que cambiarlo, la caldera del edificio era poco eficiente, se habían tapado las cañerías del piso de arriba y le estaba arruinando el techo del suyo, el encargado no paraba de fumar y algún día iba a generar un incendio. Al principio, inocente como queda uno después de años de ver la vida moviéndose en una línea recta y clara, trataba de encontrar soluciones para el buen hombre. ¿Por qué no llama al service del termo tanque?, ¿estaba bajo garantía? Seguro que si hablaba bien con el señor de arriba podían solucionar el tema de las cañerías, o llamarle un plomero que después le pasaría la cuenta al responsable. Al encargado podría hablarle yo, o regalarle un par de ceniceros. Agotados ya mis intentos por ayudarlo, cansada de escuchar problemas que, al no tener solución dejaban de serlo, lo tomé yo misma por el brazo y lo encaré.

-Decíme una cosa, si todo anda tan mal, ¿por qué no le hacés juicio al que te lo vendió y listo? ¿No me decís que te mintió, que nunca te había dicho que las cosas estaban en malas condiciones? ¿Qué te vendió, peras por tomates? Llamá a un abogado, y vas a ver como el ex dueño te arregla todo sin que tengas que hacerte tanta mala sangre.

-¿Me estás cargando?

-No, en serio. Por lo menos que te devuelva parte de la plata que decís que no se merece haber cobrado por un departamento tan desastroso. En el contrato decía que todo andaba, ¿o no?

-¿Qué contrato?

-Bueno, qué se yo, la escritura.

-¿Justo con eso voy a hacer juicio? Si escrituramos por la mitad.

Juro que pensé que cuando dijo por la mitad, había querido decir que la había dejado inconclusa, no que en la escritura figuraba la mitad del valor del bien adquirido. Hasta que hablé con nuestros poquísimos amigos argentinos. Con razón era imposible que se generaran sonrisas e intercambio de botellas. El ambiente iba a ser siempre tenso, porque no sólo estaban ambos, comprador y vendedor, mintiendo; también se complicaba con el intercambio de efectivo. Uno tenía el riesgo de llevar el monto total del valor hasta la oficina del escribano, el otro tenía que llevárselo a su casa, su colchón o adonde pudiera para no declararlo. Si lo declaraban entero, ambos tendrían que pagar el impuesto acorde al monto, algo que tampoco era común en el país. Quise suponer que había llegado a un país en un estado de reparación definitiva. El dólar tenía un cambio fijo, con lo cual no íbamos a tener que estar guardando plata para ir cambiándola por semana o por día. No pregunté mucho acerca de cómo habían hecho, años anteriores, para vivir sin tener idea de cuál iba a ser su presupuesto de un mes a otro. Cómo habían calculado los gastos en el supermercado si no sabían cuánto les iba a llegar de colegios o de luz al mes siguiente. Me superaba, y me alegraba no tener que descifrarlo. Viví, hasta entonces, bastante entretenida con desafíos naturales o impuestos por mis ganas de crecer académica, profesionalmente o en sabiduría interior si se quiere. No entendía de qué manera podía agregarle valor a ninguna de esas facetas tratando de pisarle los talones a un aumento continuo de mis necesidades básicas. La suerte estaba de mi lado, el gobierno que tenían en marcha había sido una sorpresa, agradable. Estaba regularizando cualquier cantidad de situaciones y podíamos vivir sin ese tipo de sobresaltos, como si estuviésemos todavía en Estados Unidos, aunque con varios beneficios adicionales. Estaríamos rodeados de gente que compartía nuestro sentido del humor, nuestro modo de disfrutar el tiempo libre. Nuestra apreciación por el trabajo artesanal y la buena carne. Faltaría el triturador de comidas, el lavarropas de diez kilos y quizás algún que otro electrodoméstico que todavía no había logrado importarse, pero ¿quién necesitaba esas comodidades? De tenerlos, iba a prescindir del trabajo de personas que necesitaban sus sueldos para vivir e ir progresando. Después de tantos años de injusticias sociales, era imposible darles en forma automática la capacitación para enfrentar otro tipo de trabajos; con lo cual, deseaba que muchas de esas comodidades tardaran en aparecer.

Empecé a trabajar, prácticamente enseguida, dentro de una empresa multinacional; la misma que había dejado en Washington, con una única diferencia: estaría rodeada de argentinos. Me pagaban el sueldo tal como siempre lo habían hecho, el último día hábil del mes, no me daban un cheque, directamente me lo depositaban en la cuenta del banco; todo parecía igual y los impuestos se descontaban antes del depósito. Desde Buenos Aires manejábamos también las operaciones en el resto de la región; es decir, que iba a tener la oportunidad de viajar seguido a Chile y al Uruguay. Siempre había querido conocer Santiago; nunca había dejado de extrañar la rambla de Montevideo ni había dejado de soñar. Alguna vez haría una parada en Las Delicias, la heladería de la Avenida Arocena en

Carrasco. Había estado muy cerca de cumplir un sueño de chica en uno de mis viajes anteriores, cuando logré convencer a Bigo que frenara en La Cigale, otra heladería montevideana, de Pocitos. Pero tuve dos inconvenientes. Para empezar, no era Las Delicias, no iba a ser lo mismo. Y para terminar, como no quería entrar en discusiones, pedí vasito. De cobarde no más. Asumí que miraba los precios sin mucha simpatía, y supuse que iba a rechazar mi pedido de algo que no fuera lo más barato en la lista. Y, Dios nos libre, de haber pasado ese obstáculo, quién lo iba a callar si, además, chorreaba todo.

En mi primer viaje a Montevideo desde Buenos Aires como ejecutiva, acomodé los horarios de tal manera que me fuera posible deshacerme del trauma. Tenía una reunión a las once de la mañana con la UTE, el ente que da electricidad al Uruguay entero y el lugar de trabajo de papá antes de irnos a Colombia. Estaba emocionada por eso también, pero pensar que iba a ser dueña de mi tiempo en mi país me erizaba. Salí de casa temprano, tomé el vuelo de Pluna con el horario perfecto para llegar una hora antes de la reunión que se extendió hacia un almuerzo y, por ende, mi trabajo terminó a eso de las tres y media de la tarde. Pedí un auto y le di las instrucciones. Lena me esperaba en la puerta de su casa, arreglada como de costumbre, lista para brindarme unas pocas horas de compañía, feliz de verme, aunque más no fuera para descifrar cuál era la ocurrencia que hasta ese momento no había querido revelarle.

—¿Por qué tanto misterio? ¿Estás bien con Bigo?

—¿Qué te hace suponer que todo tiene que ver con los hombres? Esto es mucho más profundo. Vas a ver. Hoy tu nieta se convierte en adulta, y vas a ser la única testigo. Es una sorpresa para las dos.

Mi abuela se caracterizaba por comer cualquier cosa, dulce o salado. Comía lo que le dieran y ponderaba todo. Eso sí, sólo un plato. Cuando paró el auto en Las Delicias, vi su carita iluminada. La única excepción a la regla de plato único, era el helado. De eso podía repetir tres o cuatro veces, y nunca cansarse. Le pedí un vasito de crema americana y frutilla, y un pote de medio kilo de dulce de leche para que se llevara. Pedí también que lo guardaran, que lo pediría antes de irme. Antes de continuar respiré hondo, la miré y le dije que escuchara bien. Que estaba por presenciar un momento histórico. Con una sonrisa de oreja a oreja, según su descripción a mi madre, abrí mi pecho, orgullosa, dirigí la mirada expectante al señor de gorro blanco y rojo quien, por su indiferencia, no parecía entender la trascendencia del hecho, y le dije,

-Y para mí, un cucurucho. De dulce de leche y chocolate amargo, por favor.

En mis planes no estaba llegar a casa con señales que delataran el hecho, pero fue totalmente imposible. No pude evitar la caída de varias gotas sobre mi traje sastre y el resto del atuendo, hasta ese momento impecable. Por suerte, había programado la transgresión a un horario muy conveniente con respecto al trabajo. Hubiese sido difícil presentarme frente al potencial cliente con una solapa y parte de la camisa manchadas. Podría decir que el plan había sido casi perfecto excepto que, al volver a casa, no había tomado en cuenta el horario de Bigo.

-Te das cuenta de que tu madre tenía razón, ¿no? Sos un pato.

Era un pato feliz. Algo sucio, pero muy feliz. La tintorería sacaría las manchas, nada borraría el placer del momento.

Al poco tiempo de llegar a vivir a Buenos Aires había tenido que buscar modista. Esta vuelta no era por mi panza, era porque todavía no había mucha importación y me habían comentado que las cosas en Argentina no eran de buena calidad. ¿Qué importaba, si lo que tenía que comprar era un vestido de fiesta, de esos que se usan por única vez? Deliana se casaba con Silvestre, no era cualquier casamiento. A mi hermanita le encantaba que todos estuviéramos en nuestro mejor comportamiento y aspecto para dar una impresión agradable, para que el grupo fuera cada vez más grande, para sentir que teníamos una familia. No podía jugarme a comprar cualquier cosa en cualquier local. Tenía que poner un poco de esfuerzo. Debía destacarme, y lo logré. Lamentablemente no en el mejor sentido. Y, peor aún, cada paso que di cerca de mi hermana y su flamante marido fue filmado y fotografiado. ¿Cómo no había preguntado a qué modista ir? ¿Acaso no sabía que aquel género plateado, duro, almidonado, era para armar moños? Deliana tampoco lograba entender el largo que había elegido. Me preguntó más de una vez si me había olvidado los pantalones y si no estaba aburrida y prefería volver a casa, total no era mi grupo. Tampoco el de Bigo, pero a él no le decía lo mismo.

Pude conocer unos cuantos amigos de mi hermana, aunque no muy a fondo. Se interpusieron el volumen de la música, los saltos ornamentales de los novios, y mi atuendo. Esto último fue el peor obstáculo. No sé si era el largo del vestido o el hecho de que su reflejo incomodaba a todo aquel que intentara saludarme. Fue muy complicado sostener conversaciones de más de dos o tres frases a la vez. Varios de ellos parecieron interesados en mi figura, a juzgar por el modo en el que me observaban, de lejos, pero se limitaron a sonreír y saludar con las manos o con la cabeza. Bigo se comportó tal cual su profesión, no así su estado civil. Conversó con cuanta persona se le cruzaba, reía y hacía los chistes apropiados, buscaba constantemente sentarse en la mesa de mis padres y, cuando los veía ocupados, bailaba una que otra pieza conmigo, aunque no muy convencido. Decía que le molestaba bastante la espalda, que de no ser el casamiento de mi única hermana, ya nos hubiéramos ido a casa. Es el día de hoy que no entiendo cómo no me frenó antes de salir de casa. Se hubiera plantado en el umbral y me hubiera insistido. Me podría haber cambiado por un par de pantalones negros con una camisa cualquiera. Qué manera de proyectar mi error de criterio en él, ¿cómo no me miré bien al espejo?

De los Muñoz fueron únicamente Kiko y Teresa. Nunca supe si los hijos habían sido invitados, aunque me parecía muy atinado que no estuviera Felipe. Pero el hecho de tener a su amigo del alma hizo que papá disfrutara el casamiento casi como si fuera el suyo. Bailó desaforado. Abrazaba a todo el mundo, saltaba al mejor estilo griego junto a Silvestre y Bigo. Su mirada era distante, su felicidad totalmente compenetrada con el momento. Teresa y mamá ponderaban el vestido de Deliana, su maquillaje, se pusieron al tanto de cada una de sus vidas y de vez en cuando aceptaron la invitación de algún joven para bailar. Lena y su hermana, al ser las menos observadas eran, quizás, las más entretenidas, las que mejor podían evaluar el entorno sin ser molestadas. Hablaron por señas, ellas sabían entenderse. Más de una vez me senté a su lado, pero no lograba captar los gestos. Iba a tener que preguntarles en algún otro momento qué querían decir cuando se paraban y se cruzaban las manos cerca de la ingle, o cuando ponían los dos dedos en el hombro. Me preguntaron qué tenía puesto. Si estaba cómoda y si a Bigo le gustaba. Durante años insistieron en que estaba monísima, que el problema de mi elección estaba en que el resto de los invitados no entendía la alta costura. Y yo les creí. Nos juntamos al día siguiente a comer, charlar un poco acerca de la fiesta y despedir a los que se volvían a sus respectivas ciudades, nosotros debíamos continuar insertándonos en la cultura Argentina.

Crecíamos en cantidad de amigos, teníamos comidas y salidas al cine bastante seguido, reuniones de fin de año de trabajo, algunas de amigos, cosa que pareció extraño pero luego entendí. Se despedían porque durante las fiestas estarían con sus familias. Excepto nosotros. No había familia en ningún horizonte cercano. Acostumbrada a los grupos familiares de Washington, reducidos a padre, madre y hermanos, me resultaba muy particular que llegara Navidad y mi pequeño núcleo de dos no fuese invitado a compartir regalos con algún otro. Era de esperar. En Buenos Aires no se necesitaba el simulacro de agrande de familia juntando núcleos. Existían los tíos, primos, abuelos, y cuñados. Para resolver la falta de núcleos familiares aislados, incorporamos una rutina anual. Llegado diciembre, nos subíamos a un avión y volábamos a Washington, París o Montevideo. Evitábamos así el sentirnos solos como hongos, o tener que compartir regalos con la familia del marido de Deliana a quien apenas conocíamos. Y les dábamos, a las mini-familias del exterior, la sensación de que se habían ampliado, aunque la suma de personas agregadas fuera mínima.

Durante el resto del año, mis padres viajaban un par de veces a Buenos Aires y Montevideo. Se quedaban unas semanas, y aprovechaban para verse con cuanto amigo y familiar tuvieran, especialmente los Muñoz. Rara vez podíamos acompañarlos a Montevideo, tampoco era la idea. La vida de ellos durante esos días era exactamente eso. Días para recordar alegrías vividas en conjunto, para actualizarse con respecto a hijos y demás proyectos, días para compartir silencios en los momentos en que los recuerdos no pudieran ser mencionados. Llegaban con dos valijas, una de las cuales nunca tenía cosas de ellos. Traían, muy a pesar de ambos, regalos para nosotros, para las señoras que trabajaban en nuestras casas, para sus amigos uruguayos, para mi abuela, para la señora que trabajaba en su casa y que cuidaba de ella. No entendían para qué lo hacían si nunca les agradecían el gesto. No estaría de más que alguien se pusiera un poco más contento y no mostrara tanta indiferencia, decía mamá.

-Entonces no traigas nada. Si lo que más nos gusta es que vengan.

Era en vano. Creo que, si venían sin regalo, no iban a saber de qué quejarse ni de qué pelearse antes de despegar. Mamá compraba y juntaba cosas para traer, papá protestaba por el peso de las valijas. Papá a su vez juntaba remedios para su botiquín de viaje, y mamá protestaba porque no tenía sentido viajar si ambos se iban a hacer tanta mala sangre. Una vez que llegaban al avión, la situación cambiaba de modo drástico; ambos reían y charlaban animadamente, recordando algún viaje anterior, comentaban acerca de la diferencia de los pasajeros y sus vestimentas a medida que pasaban los años, reían con la cara de papá cuando anunciaban turbulencias. Todos los viajes fueron más o menos iguales: peleas y discusiones durante los preparativos, risas y anécdotas en el transcurrir del viaje y nostalgia junto con alivio al regreso. Todos excepto aquél, después de que papá cumpliera sus tan esperados setenta años. Había insistido en celebrar ese cumpleaños con absolutamente todos nosotros, sin excepciones, maridos, mujeres. Hasta había invitado varios amigos que viajaron desde Montevideo, otros desde Buenos Aires y dijo que iba a ser la última década que celebraría porque era la última que podría disfrutar. Todos le preguntamos por qué y dijo que ya a los ochenta no iba a poder bailar sin sentirse ridículo; y él, si celebraba, bailaba. Y bailó, como lo había hecho en todas las fiestas que se vivieron en casa. Cuanta pieza se tocó de rock, de cumbia, salsa o música pop, papá buscaba a alguna de mis cuñadas o a alguna invitada y casi sin descansar, saltaba, daba vueltas y se movía encantado, con el mismo ritmo, un ritmo muy particular, muy propio, muy poco convencional. Sin embargo, en toda fiesta, y aquella no fue excepción, había un momento en el cual dejaba de saltar e iba directamente a buscar a su compañera de vida. Para bailar tango. Nos emocionaba por lo bien que lo hacían y porque era en el único momento en el cual papá cambiaba el ritmo y la expresión.

Finalizada la celebración de los setenta, nos quedamos unos días para revelar las fotos, jugar a las cartas como cuando éramos chicos, y reír. Simplemente disfrutar de estar juntos una vez más. El viaje y la fiesta fueron perfectos. Estuvimos todos aquellos a quienes quería. Excepto Kiko. Aunque repetía constantemente que no le importaba, que lo vería en unos meses y le contaría todo. Le llevaría las fotos y los cuentos. Meses después, un sábado de marzo, recibí un llamado de papá para decirme que en unos días estarían por Buenos Aires, que antes él tenía otro viaje, pero que le preparara un partido de tenis con Bigo, Silvestre, y un amigo nuestro a quien le tenía mucho aprecio. Era la primera vez que papá llamaba para anunciar una visita. Normalmente lo hacía mamá y nos daba todos los detalles de los vuelos, horarios, etc. Esta vez sólo quedó claro que llegarían el viernes.

Ese martes anterior, reunida en la oficina con varios de mis colegas y algunos clientes, pedí permiso para salir. No me sentía bien. En vez de dirigirme hacia la farmacia para comprar aspirinas, fui directamente al escritorio y revisé los mensajes. Qué hizo que me comportara de esa manera, no tengo idea. Tenía uno de mamá, con voz muy afligida, diciéndome que papá no estaba bien, que había tenido un algo que no podía entenderse, y que se lo estaban llevando a un lugar cuyo nombre tampoco era claro. Me surgieron tres dudas. ¿Qué le había pasado, adónde se lo llevaban, y en qué ciudad del mundo estaban? Dos horas más tarde, Deliana y yo nos encontrábamos arriba de un avión rumbo a Río de Janeiro, adonde un auto nos llevaría directamente a la clínica San Vicente. Papá había sufrido un derrame cerebral y, por suerte, no había sentido mucho más que un enorme dolor de cabeza antes de entrar en el estado de coma del cual todavía no nos podían decir ni si se despertaría ni cuándo.

Lo operaron mientras Deliana y yo volábamos a miles de kilómetros de altura. Lo sé porque en el mismo momento en que el bisturí liberaba la zona del cerebro afectada por el derrame para que los médicos pudieran ver el hematoma y evaluar la gravedad de la situación, yo me corté el dedo. Justo en ese momento metí la mano en la cartera buscando un pañuelo; el cual encontré después de tocar, sin querer, el filo de una Gillette que no tengo idea por qué llevaba conmigo. Era el segundo corte en un dedo durante ese día. El primero había sucedido con un papel, en la oficina. Coincidió con el momento en el que papá, sufriendo los primeros efectos del derrame, escribía una frase a sus nietos diciendo que esa iba a ser una historia para contarles. No a sus hijos, a sus nietos. Qué difícil era que dejaran de pensar que los cuentos y las anécdotas debían saltarse una generación. Nunca pude entender la razón que impulsaba a los mayores a sostener secretos sándwiches, de pan a pan, lo del medio era ignorado. Mis hermanos y yo, para los cuentos de papá, éramos el jamón, nuestros hijos serían el pan receptor. Bajo esta costumbre, también éramos pan receptor para las historias de nuestros abuelos; más bien, la familia contaba cuentos a modo de escalera en la cual todos somos un escalón, aunque a veces seamos pasados por alto y otras, usados para subir o bajar.

Lamentablemente, el cuento de papá y su derrame fue uno que no pudo ser contado de abuelo a nieto. El hematoma no lo permitió.

Hicimos el viaje de Río a Montevideo de una manera automática. Parecíamos robots sin sentimiento. No sé si es el modo en que otros despiden a su padre, es el que tuvimos nosotros. Llevábamos sus cenizas a lo que creíamos que era el destino final que él hubiese preferido. De lo contrario, ¿por qué habría muerto tan cerca? Igualmente, lo dudamos. Por un instante consideramos desparramar cada ceniza por separado en el estadio de Maracaná, haciendo honor a la selección uruguaya y su espectacular triunfo sobre los brasileros en mil novecientos cincuenta, durante aquel mundial que tan feliz había hecho a mi padre; tanto que se convirtió en el único relato que escuchamos una y otra vez, con mayor nivel de detalle a medida que pasaban los años, y crecía nuestra capacidad de preguntar sin interrumpir. Su mirada se iluminaba, sus manos gesticulaban sin parar, se levantaba y mostraba cómo había enfriado el partido el mejor capitán de fútbol de la historia universal, poco menos. Ese ídolo, Obdulio Varela, había puesto la pelota bajo su brazo, acallando los gritos de los brasileros, sorprendidos por una maniobra, brillante. Brillante, no, no fue el gol del triunfo, no fue el gol que llevó a muchos brasileros a tirarse de las tribunas. Obdulio había enfriado el partido, había tomado la pelota de la red, se la había puesto abajo del brazo, como ponía papá algún libro debajo del suyo; y había caminado lentamente, en silencio, hasta la mitad de la cancha. No se oía ni una mosca. Nadie entendía qué le pasaba al capitán de la celeste… A medida que transcurría el relato, aumentaba nuestra expectativa, nuestra admiración, por un equipo al que no habíamos conocido, pero que había sabido estremecer el corazón escondido de nuestro progenitor.

En pocas palabras, junto con mamá y los que habíamos podido llegar a Río, tomamos la decisión.

-¿No era medio claustrofóbico?, ¿qué le hubiera gustado?

-Nada. Le hubiera gustado no morirse.

-Tenés razón, no se iba a morir nunca. Programaba cuál de sus hijas o nueras lo iba a cuidar, hacía listas, decía que fulana era la más joven, le pedía que les avisara a sus hijos y a sus nietos.

-Tiremos las cenizas en el estadio. Fue el día más feliz de su vida.

-Yo quiero un lugar adonde pueda llevar a mis hijos a visitarlo. Con una placa, algo.

No vivíamos en Brasil y, a no ser por nuestra imaginación, tampoco frecuentábamos el Maracaná. Podríamos retener la anécdota, pero no sus restos. Acordamos enterrar las cenizas en Montevideo, para lo cual hubo que llevar a cabo algunos trámites en esa ciudad, aquella que tanto escuchábamos mencionar cuando relataba el Maracanazo.

Lo cremamos en Río de Janeiro, deseando que alguna ceniza sobrevolara y alcanzara el centro de la cancha, en la cual, nos habíamos llegado a convencer, Obdulio había silenciado las tribunas en su honor años antes. Siempre supuse que él mismo había definido su último paradero. Horas después de su muerte, fue una bendición ver llegar a Ricardo a Río. En la clínica nos habían avisado que a papá le quedaban pocas horas de vida y tuvimos tiempo de avisarles a los de Washington para que se vinieran. Unos viajarían a Río, con la esperanza de poder ayudar con los trámites o despedirse, otros irían directamente a Montevideo. Lamentablemente, o por suerte, Ricardo y uno de los más chicos, llegaron después de que papá diera su último adiós en la sala de terapia. Yo, sin embargo, estuve presente para acompañarlo en ese momento, lo cual agradezco. Interpreté, por los sonidos de la máquina que monitoreaba su respiración y sus latidos, que no querría morir solo. Y así fue. Esperó a que me sentara a su lado, a que le escribiera algunas palabras. Creo también haber visto un leve movimiento de labios, y su mano aparecer por el costado de la sábana, justo antes de que ambos monitores indicaran su partida. Bajé a darle un abrazo interminable a mamá.

Aquellos días posteriores pasaron llenos de momentos que jamás olvidaríamos. Se intercalaron risas y llantos al igual que silencios casi inentendibles por cualquiera que nos viera desde lejos. La misma noche en que murió, les pedí a las enfermeras que lo prepararan para que mis hermanos, los que quisieran verlo la mañana después, tuviesen una imagen digna. Al llegar Deliana y uno de los más chicos, insistieron en subir y despedirse. Cometí el error de no acompañarlos, bajaron con lágrimas en los ojos, tentados de los nervios, temblando por no saber cómo reaccionar. Ninguno de los personajes de terapia se había tomado el trabajo de cerrar los ojos ni la mandíbula de papá. Abrazados, conmocionados, nos miraban sin poder describir qué sentían. Esa noche tratamos de calmarlos contando anécdotas y cambiando constantemente de tema. Fue en vano. En vez de conseguir que se durmieran, pasamos la noche entera hablando con la luz prendida, esperando a que el sol, con su capacidad de convertir pesadillas en sueños, aliviara la tensión y disipara los miedos.

En esos días, vimos desaparecer la autonomía de mamá. Nunca hubiera imaginado lo difícil que sería para ella ese momento. Menos aún, cuánto más complicado sería su futuro sin aquel hombre que la había acompañado durante gran parte de su vida. Tendría que volver a Washington, a un cuarto y una casa totalmente desolados. Habitaciones que, hasta no hacía mucho, habían estado llenas de hijos, historias, juegos de cartas y peleas insignificantes por el programa de tele preferido. Podría ver lo que quisiera, sentarse en el sofá que más le diera la gana, fumar su cigarrillo nocturno al mediodía, comer o no en el horario que mejor le pareciera. Y, sin embargo, no dudé que iba a mantener cada una de sus rutinas por muchos años. Como si papá estuviese ahí. Y quizás lo hiciera hasta que ella misma fuera a acompañarlo.

Teníamos que ir de Río a Montevideo, un viaje normalmente corto. Sin embargo, tardamos días en trámites para que nos permitieran retirar a una persona en un estado distinto al que había tenido al ingresar en el país. Debíamos completar formularios, contratar servicios y negociar aspectos por demás desagradables con personajes que no sentían lo mismo que nosotros, que parecían estar hablando de un objeto material, no de quien nos había dado el ser. Sigo pensando que fue absurdo cremarlo, pero no es de lo único que me arrepiento, cometí varios errores adicionales. Horas después de que muriera, me vino a ver quien llevaría a cabo los trámites, el hombre que haría todos los papeles y también quien se iba a tomar el trabajo, así lo puso, de asegurarse de que nos entregaran la urna con las cenizas. Ni hablar del precio, lo cual también él negociaba. Sin duda, gran parte de los honorarios iban a ser destinados a que incrementara su colección de cadenas de oro; muchas de las cuales llevaba en la muñeca, otras en el cuello, sin contar el reloj y los anillos, todos dorados y gruesos. A juzgar por su reacción, no creo haberle ofrecido una suma importante, y por lo tanto aumenté gradualmente hasta ver que asomaba una sonrisa de su lado y lágrimas del mío. Debíamos llevarle los documentos de papá a su escritorio al día siguiente, allí nos explicaría el proceso y recién al otro día, iban a poder cremarlo. El trayecto desde el hotel hasta su oficina, si así puede llamarse, nos dio una idea de cuánta pobreza existía en Río, en forma progresiva. A medida que avanzaba el auto, las edificaciones iban perdiendo elegancia de una manera no muy gradual, al igual que la densidad de la población, cosa que crecía exponencialmente cuadra por cuadra. Teníamos todo lo que necesitaba, especialmente los dólares que habíamos pactado. Pregunté si podía ver el cuerpo antes de que fuera cremado, respondió que no tenía ningún problema, pero tanto él como mis hermanos me miraron sorprendidos. Durante la noche, recibimos muchos llamados desde el exterior, algunos de ellos de gente a quien queríamos bastante, otros de gente que apenas conocíamos. Tomábamos turnos para contestar el teléfono, aunque la mayoría terminaba hablando con mamá. Después de uno de los pésames, volvió al living riendo.

- ¿Quién era?

- Me dijo el nombre, un tal Carlos algo, no me acuerdo el apellido. Lo más raro es que me dijo que iba a extrañar mucho a tu papá, que había sido un hombre tan alegre, tan simpático, conversador y, si no entendí mal, también se acordaba de que era muy espontáneo, siempre con una sonrisa en la boca. Para mí que se equivocó de familia.

Estuvimos varios minutos a carcajadas, hasta que éstas cedieron al llanto. Luego, a un silencio absoluto.

Toda mi posibilidad de sonreír se desvaneció a la mañana siguiente cuando viajábamos Ricardo, Deliana y yo, juntos en el asiento de atrás de un auto que parecía caminar por una interminable secuencia de calles repletas de gente. A juzgar por sus expresiones, ignoraban nuestra tristeza, nuestro deseo de detener el tiempo, de ver, una vez más, ese rostro implacable y serio leyendo algún relato de Napoleón. A diferencia de la ciudad, el cementerio estaba desierto, a tal punto, que creímos habernos equivocado de lugar. Era un páramo, abandonado y frío, aun cuando la temperatura de la ciudad era de treinta y dos grados centígrados. Llegamos al edificio al que nos habían dirigido desde la entrada; aunque, más que edificio, vimos un galpón de unos seiscientos o setecientos metros cubiertos, con paredes de seis metros, sin ventanas en tres de las cuatro paredes que sostenían, ridículamente, el techo de chapa. El bloque de cemento, donde nos debíamos encontrar con el señor de las cadenas de oro, estaba despojado de toda estructura interior, a excepción de un cuarto situado en el medio, con paredes también de seis metros de altura, con una puerta de hierro, cerrada y al fondo, contra la única ventana: un cajón de madera sobre una piedra rectangular tan fría como el resto del lugar.

Vimos aparecer a nuestro gestor por detrás del cuarto, sonriendo hasta llegar a darnos la mano, momento en el cual optó por imitar nuestro estado de ánimo. Preguntó si todavía queríamos ver el cuerpo. Ricardo y Deliana dieron un paso atrás, yo respondí que por supuesto, y, tomándome del brazo, me llevó hacia la piedra rectangular. No recuerdo haber sentido nada. Ni siquiera cuando abrió la tapa del cajón. Tampoco cuando estudiaba esa imagen, aquella que supuestamente debía permitirme reconocer a quien durante muchos años me dijera que él me había dado el ser, el mejor regalo que una persona puede dar a otra. Miré por unos segundos, bajé la cabeza en señal de aceptación y dije, o murmuré, que ya podía cerrarlo. Caminando hacia mis hermanos, me comentó que en dos días podíamos pasar a buscar la urna; le pregunté por qué tanto tiempo. Caminó conmigo hacia la puerta de hierro, mientras me explicaba el proceso de la cremación, mirándome fijo a los ojos, esperando quizás alguna reacción. Interpreto que era así, por su mueca burlona, por su afán de pronunciar cada palabra claramente, y gesticular para que no me quedaran dudas de cuán siniestro era lo que estaba por decirme. Lo había puesto a la defensiva, iba a pagar las consecuencias. Abrió la puerta y me empujó hacia el centro del lugar adonde con un dedo rígido como pocas veces había visto, señaló y dijo fuerte que ése era el horno adonde se introduciría el cajón de madera. Hablaba sin dejar de mirarme, sujetando fuerte mi brazo y ampliando su sonrisa. Me dijo que tanto el cajón como mi padre serían incinerados a una temperatura de más de ochocientos grados centígrados. Y siguió, sin cerrar la puerta del horno, los huesos serían pulverizados, uno por uno hasta lograr una consistencia de granos de arena; y que, por lo general, el cráneo era lo más complicado, pues por su tamaño había que quebrarlo antes de meterlo a no tengo idea dónde. Ya no podía escuchar más. Fue en ese momento que sentí. Todo, absolutamente todo.

Desde que había aterrizado en Río, mi impresión de Brasil había sido bastante favorable. Si bien el hecho por el cual estaba allí no era feliz, la simpatía y comprensión de los médicos, enfermeras y la gente del hotel, me mantenían de muy buen ánimo. Además, nuestra habitación del hotel miraba al Atlántico, el camino hacia la clínica era pintoresco y la clínica en sí, un lujo. Estaba situada en lo que parecía ser una selva tropical, y cada vez que iba me acordaba, no tengo idea por qué, de la canción de Neil Diamond, Forever in blue jeans (para siempre de vaqueros). Aunque estaba triste por la situación, no podía dejar de sonreír suponiendo que era un mensaje que me estaba mandando papá. Él o alguien más, porque difícilmente se vistiera con vaqueros. Era más de trajes, o pantalón gris y saco. En fin, resultaba curioso que me transportara a un estado tan informal, en vez de tararear una lambada, evocar un tango, o algo más acorde al ambiente que me rodeaba. Lo único que tenía sentido era que esa canción disminuía el valor del dinero y valorizaba un estado mental libre, algo que sí pude reconocer en la expresión de mi padre. Todavía, cuando la escucho, pienso que le hubiera gustado bailar o saltar esa canción.

La noche antes del entierro, fuimos apareciendo, de a tandas, en el lobby del hotel Hermitage. Unos desde Brasil, otros desde Washington o Buenos Aires, la mayoría desde Montevideo, todos por el mismo motivo: Despedirlo. Darle un último homenaje y sentir que lo dejábamos en el lugar donde había sido realmente feliz, donde había dejado gran parte de sus amigos y un millar de recuerdos. Nunca había asociado mi propio país con la muerte de alguien. Ni siquiera en el caso de Ignacio, ya que cuando supimos que había muerto, era tarde para decir adiós. Es más, estaba convencida de que, en Uruguay, los cementerios no existían. Enterramos las cenizas, algo que no dejó de molestarme porque no veía su sentido. Al cremarlo, ¿no habíamos tomado también la decisión de que se esfumara su cuerpo? Le hubiéramos hecho una misa, y dejado que cada parte de su desintegrado ser volara hacia el rincón que más le pareciera. Y le podríamos haber hecho una placa en cualquier lado, algo para que sus nietos pudieran visitar. Una placa sobre el sillón donde se sentaba a leer noche tras noche esos interminables relatos, un sillón en el que podía estar con mamá hasta que ella lo siguiera y después pasar de hijo mayor a hijo menor. Podríamos también haber inscripto su nombre en varios de sus libros y los hubiésemos repartido junto con algunas fotos. Le haríamos homenaje cada vez que viéramos el lomo de uno de ellos. Con su nombre al lado de Napoleón, y su foto en la primera página. Seguía imaginando alternativas a medida que llegaban sus amigos y nuestros familiares. Saludé a todos, excepto a Felipe. No de antipática, simplemente no lo vi; hasta que empezó a hablar el cura frente a la insignificante cajita con tan noble contenido. Felipe miraba hacia abajo, con las manos cruzadas en las inglés. Parecía triste, reflexivo. El mismo gesto al cual Lena y su hermana apodaban TP; con lo cual, tomé nota mental, me habían aclarado las siglas, pero no sabía cuál era la conclusión a la que habían llegado de por qué un hombre asumía la posición de "tapa pito". No era el mejor momento para entablar conversación con Lena, y menos con Felipe. Imaginé que, al igual que nosotros, que pensábamos en todas las palabras que nos habían quedado por decirle a papá, él estaría repitiendo otras tantas hacia Ignacio.

En vida, había tenido que compartir a mi padre, y nunca había llegado a entenderlo. Después de su muerte, era como si siempre estuviese conmigo. ¿Cómo podía necesitarlo de tal manera? ¿Acaso no era la independencia lo que yo siempre había buscado? No quería, por nada en el mundo, sentir que se habían terminado los momentos para tratar de acercarme un poco más a él. Que supiera cuán parecida a él me sentía. Años después, pude entender que no era el parecido, sino más bien una especie de empatía. La resolví de la manera más extraña. Al no poder verlo, era mucho mayor mi capacidad de sentirlo cerca. No fui la única. Uno de los más chicos tuvo cualquier cantidad de sueños, en los cuales conversaba, discutía, le presentaba a sus hijos que todavía no habían nacido. En mi psicología barata, interpreto que era el que menos se comunicaba con él durante el tiempo en que lo vivió. Otro decía que recurría a su recuerdo cuando necesitaba llorar o hacer algún tipo de duelo. Quienes menos lo habíamos vivido, más explotábamos su memoria. No recuerdo haber llorado, pero sí haber sentido una gran tristeza en momentos aislados. Me agarraba viendo alguna película, un domingo leyendo un libro, o simplemente mirando la imagen de Napoleón en algún cuadro o documental. Quizás su fascinación con el emperador francés me despertaba más curiosidad que nostalgia. En la biblioteca de la casa de mis padres los libros eran, en su mayoría, libros de historia; de los cuales, un tercio, y no creo que esté exagerando, eran acerca del emperador.

En aquellos días, costó volver a la rutina laboral, los partidos de tenis y las salidas protocolares. Fue cuestión de tiempo y ganas. Tanto en mi trabajo como en el de Bigo, crecieron las responsabilidades al igual que el sueldo y, por ende, la cantidad de bienes materiales; lo cual, a su vez, incrementó sustancialmente el tiempo que ambos teníamos que dedicarnos a la administración de estos mismos. Conversar de proyectos y de ideologías tenía su encanto, no así el intercambio de números y opiniones acerca de los corralones, plomeros o presupuestos para los distintos rubros. Ni que hablar de las quejas en cuanto al incremento de los impuestos que debíamos pagar a un país que no nos daba nada por sumas cada vez más grandes. Ni para hacer caridad alcanzaba. La gente ya no puede ser solidaria. Eso nos decían aquellos que vivían hacía más tiempo en Argentina. De tanto escuchar esa frase, recapacité mi postura al respecto. Nunca había sido muy amiga de los que se decían solidarios o caritativos, ni de serlo yo misma. Para ver si lo aclaraba, escribí una de mis cartas.

Ignacio,
Te escribo de puño y letra, un método que sigo usando cuando me sale directamente de adentro. Cuando no concibo que el teclado enfríe el mensaje. Vengo pensando en el efecto que han tenido ciertas personas que se cruzaron o se cruzan en mi vida. Contigo tuve que elaborar la bronca que me daba que te dejaran ganar. Hoy, gracias a ese ejemplo, puedo entender, de buena manera y un poco más abierta, a los que practican algún tipo de caridad, de solidaridad. Los entiendo, recordando la cara de Ricardito y de Felipe cuando yo protestaba porque te trataban como chiquito. Para ellos, lo eras. Y, dejándote ganar, se sentían grandes.
Dije que estaba un poco más abierta, tampoco la pavada.
Besos,
Yo

Cada tanto, le decía a Bigo que prefería tener menos cosas y más tiempo, sin embargo, él se mantenía firme. Respondía que había que aprovisionarse bien para los momentos en que ya no pudiésemos generar. Totalmente segura de que su respuesta no me convencería jamás, me aferré a la teoría de la austeridad, no así a la práctica, hasta que una actividad me demostró que era posible. Mis dudas se disiparon por completo la primera vez que estuve arriba de la cubierta de un velero.

De ahí en más, navegar o vivir en tierra se convirtió en un dilema interno, sin solución a la vista. Y matrimonial. Era consciente de que iba a tener que despedirme de Bigo, si convertía en realidad la vida náutica. No se trataba de una actividad conjunta. Habíamos combinado muchos aspectos de nuestras vidas. Algunos mediante diálogos, otros, con largas discusiones. Con este tema, la conversación se desvanecía casi antes de empezar. Por otro lado, si le dábamos inicio, la discusión se hacía eterna.

Reconocía ser la culpable de semejante obsesión, pero no la controlaba. Era ella la que me manejaba. Soñaba con distintos tipos de viajes, una frontera llena de olas esperando que las remontara, playas desiertas para ver las puestas de sol, día tras día, al aire libre y sobre el mar. Compré mi primer barco, equivocándome como cualquier principiante. Evalué mal el estilo de navegación que ese barco me permitiría. De todas maneras, empecé mi entrenamiento, para lo que juré sería una navegación con independencia, navegación en solitario. No quería tener la obligación de encontrar acompañantes para salir. De ser hombres, el conflicto quedaba claro. De ser mujeres, tendrían que contar con unas ganas de aventura que casi ninguna de mis amigas tenía. En unos de los viajes de mamá a Buenos Aires, quise llevarla a la marina, pero me fue imposible. No sólo no quería saber nada con subirse, tampoco quería que yo insistiera en lo que ella catalogaba de hobby, que a su vez me alejara de Bigo y del resto de la familia. Me contó que entendía el entusiasmo, que ya lo habían vivido años antes con los Muñoz. Kiko se había vuelto loco con la vela, a tal punto que había estado separado de Teresa. Durante ese tiempo, él se había ido a vivir al diminuto Patitas. Bastaba con escuchar la forma en que mamá decía el nombre del barco, para saber que no había aprobado de la decisión de Kiko. Según ella, se había equivocado. Para mí fue una lástima enterarme de que no seguía existiendo el Patitas. Hubiera ido a Montevideo a preguntarle a Kiko la razón por la cual había dejado de navegar. Su amor por Teresa no me resultaba suficiente. En mi opinión, nunca había sido un matrimonio tan sólido, aunque siempre fui de formarme opiniones con poco sustento. Podría estar equivocándome en ésta también.

Con la excusa de continuar nuestra expansión capitalista, Bigo y yo compramos un departamento en Punta del Este. Frente al puerto. Hicimos la operación en conjunto, la evaluamos, la llevamos a cabo y supusimos que ambos habíamos encontrado el cable a tierra que necesitaríamos a medida que íbamos creciendo. Funcionó en el caso de Bigo. En lugar de imitar su madurez, y calmarme con la adquisición, yo me convertí en una pesadilla. ¿Cómo iba a poder estar días y días mirando el puerto sin querer zarpar? ¿Podría él mirar una cancha de golf y no sacar la bolsa de palos? Con una verborragia imposible de contener, en poco tiempo, logré dos cosas: llevar el barco a Punta del Este por la temporada, y que, con sólo mencionar la palabra barco, a Bigo se le congelara la mirada.

Mi obsesión por hacer travesías eran otro obstáculo matrimonial. Me faltaban años de preparación para lograrlo. Lo convertí en un desafío. Tenía que hacerlo. Mi primera meta era llegar a Colonia sin tripulación. Luego seguiría Punta del Este. De ahí, directamente cruzaría el Atlántico. No por valiente, sino que había escuchado que el trayecto del Río de la Plata hacia Brasil era bastante duro y no tenía ganas de jugarme la vida. El cruce desde la península Ibérica se hacía casi sin pensarlo. Según mi instructor, si alguien tiraba una botella en Portugal, la misma llegaría al Caribe, un tiempo después, sin ayuda de nada ni de nadie.

Pasados los meses de verano, decidí dejar el barco en el puerto uruguayo; porque lo razoné y no porque lo sentía. Por convencerme de que era lo correcto, porque en Uruguay ambos lo podíamos disfrutar, no así del otro lado del Río de la Plata. Fuimos varias veces más durante los meses siguientes, y gracias a la escasez de viento, el barco se convirtió en lancha. Me frustraba un poco, aunque no tanto. En mi cabeza seguían pendiente las travesías por océanos y mares lejanos, por lugares que conocía únicamente por libros de otros navegantes y por medio del uso de la imaginación, regalo impagable e inigualable de mi padre. Por soñar despierta, por tratar de vivir una vida distinta a la que se me presentaba día a día o tal vez sólo por idiota, tuve un accidente. Un ridículo, y fuertísimo accidente que destrozó el auto, y estoy convencida de que modificó la ubicación de algunos de los componentes internos de mi organismo, especialmente el corazón. Aunque no sufrí dolor físico alguno.

Fue en uno de los viajes a Punta del Este, uno real no imaginado. Habíamos invitado a unos amigos, y acordamos con Bigo que yo fuera con un día de margen para poner todo en orden. Habían estado los pintores, y dudaba de que hubiesen puesto todo en su lugar. Mis palabras antes de partir fueron:

—Dejá, voy yo primero. Uno, porque así tenemos bodega para el auto; y dos, para encontrar los cepillos de dientes y el papel higiénico.

Hice el viaje tan largo como tuve ganas de hacerlo. Es decir, de Colonia a Montevideo, por la autopista de siempre, pero de Montevideo a Punta del Este, todo por la costa. Adonde se podía, porque en algunos lugares tuve que subir y bajar un par de veces, pero valió la pena. Pocitos, Carrasco, El Pinar, Solís, Atlántida, Playa Verde que no recuerdo por donde la encontré, Piriápolis y, tarde, ya de noche, llegué a la punta. Para no postergar lo inevitable, antes de subir al departamento, fui al supermercado. Hice las compras para el desayuno del fin de semana entero, fiambres para las picadas, y mucho vino rosado Blanc de Noir de Don Pascual, a mi criterio y con muy poca objetividad, el mejor vino del mundo.

Estaba encantada, portándome de lo más bien; iba a dormir con todo ordenado, y al día siguiente, podría dedicarme a cambiar el traveller del barco, una barra de hierro, muy firmemente atornillada a la cubierta durante más de veinte años, e igual de firme cuando lo revisé antes de dejarlo la última vez. Resulta que se había levantado, arrancado de su base, por Dios sabe qué fenómeno de la naturaleza. Descarté el pensamiento del traveller; no iba a dejarme dormir. En el garaje, lista para bajar las compras, fui recibida por un chico encantador que trabaja en el edificio. Me miró muy preocupado y me preguntó si realmente no prefería quedarme en un hotel.

-No me parece. Hice las compras y tengo que poner varias cosas en la heladera. ¿Por qué lo decís?

-Señora, arriba está todo revuelto y hace mucho frío.

-¿Cómo? ¿No prendieron la calefacción?

-Sí, pero saltó la térmica. No se aguantó la carga.

Y claro, me había olvidado. Además de los pintores, había estado el electricista. Si miraba del lado positivo, con tanto frío, no iba a necesitar la heladera, podía dejar todo en sus bolsas, la temperatura ambiente se encargaría de preservarlos. Con cara de quien ya había hecho lo suyo en avisar, el chico del garaje me acompañó a subir bolsas, valija y también el ánimo. Por el sonido de la puerta arrastrando piedritas por el piso, y por el polvo que rodeaba la montaña de muebles en el living, me di cuenta de que el departamento seguía en obra. Mi misión se había complicado. Debía encontrar no sólo los cepillos de dientes, y el papel higiénico. También tenía que buscar las puertas, los picaportes, los colchones, las camas, lámparas y mesas. Todo. Antes o después de sacar el plástico empolvado que los escondía, también debía encontrar al pintor. Según me dijeron abajo, el pintor ya no contestaba su celular desde la tarde anterior, porque se iba a tomar el fin de semana entero, inclusive el lunes, para poder volver bien descansado a trabajar en el departamento que debía haber terminado hacía dos semanas. Bajé a implorar que me ayudaran a resolver el tema.

-¿Por qué mañana? Si todavía no empezó el fin de semana. Yo no puedo poner las puertas sola. Voy a arruinar la pintura.

Logramos ubicarlo, dijo que no tenía idea de que íbamos al departamento en esos días.

-Señora, yo entendí que venían a pagar y nada más.

-Aunque ese fuera el caso, José, ¿adónde supuso que nos íbamos a quedar?

-Disculpe, señora, no le entendí. Mañana voy con los muchachos a eso de las ocho treinta. ¿Estará despierta a esa hora?

-Despierta y congelada. Usted no se preocupe, que lo espero a las cinco de la mañana si quiere para rearmar el rompecabezas.

Fue una noche larga, aunque tengo que admitir que logré dormir gracias a que la santa señora de la limpieza había podido armar mi cama completa, con sábanas y el acolchado, ambos resultaron más calentitos que nunca. Por lo tanto, dormí mejor que el salamín y el queso; era como que ellos estaban en el congelador.

Otro hallazgo feliz fue el teléfono. Lo encontré gracias a mi excelente oído y las reiteradas llamadas desde Buenos Aires.

-¿Me querés decir dónde estabas? Te mandé mails, te llamé al celular uruguayo, y hace horas que llamo al departamento. ¿No se te ocurre pensar que me preocupa saber si estás bien?

A decir verdad, eso a mí nunca se me ocurre; tengo el preconcepto de que, si todo está bien, no voy a recibir noticias. Al contrario, cuando algo malo pasa, me entero de inmediato. Probaría mi preconcepto al día siguiente. Aún no sabía lo contundente que sería mi caso veinticuatro horas después de la charla que estaba teniendo, congelada, en medio de una nube de polvo, sentada sobre un plástico inmundo, arriba de no tenía idea qué mueble. Todos tenían el mismo color: blanco tono polvo de enduido. Opté por no responder, cambié de tema.

-No sabés lo que es el departamento. Por primera vez, creo que voy a llorar por el desorden.

-¿Tanto?

-Te lo juro, por tu madre la que te dio el ser. Es un desastre. José pensó que no veníamos, está todo patas arriba, además hace un frío de morirse. Literalmente.

-Dame el número que lo mando a la mierda. Si yo le dije que íbamos este fin de semana.

-No, dejá. No lo mandes a ningún lado, que ya conseguí que viniera mañana.

-Bueno gordita, qué lástima. Ahora, ¿me vas a decir adónde estuviste toda la tarde?

Volvíamos a la pregunta anterior. Respondí con las explicaciones correspondientes. El celular uruguayo no había sonado nunca, y eso que lo tuve siempre prendido, la blackberry argentina tuvo señal intermitente, además, mientras manejaba no pensaba responder mails, y al departamento no había llegado hasta tarde, porque había querido disfrutar de la costa. Ah, y de hacer las compras. Esto último no fue creíble, pero se lo dije igual.

-¿En serio no pensaste que yo podía estar trepando las paredes?

-No, en serio, no. Además, no news is good…

Llevábamos suficientes años de casados como para que me dejara terminar la frase. A la mañana siguiente, ocho y treinta en punto, aparecieron tres de los muchachos de José, algunos con dientes; todos con muy buena predisposición. Realmente. Me cambió el humor, o mejor dicho, me lo mantuvo bueno, normalmente empiezo los días con buen ánimo. Poco a poco, la obra se convertía en vivienda, los placards se tapaban con puertas, ídem los dormitorios, aparecían sillas, almohadones, copas, y tenedores. Todo iba tomando su color de origen, y me preparaba para recibir a las dos señoras de la limpieza, quienes esperaban ansiosas, para darle el toque final con sus paños, plumeros y aspiradora. Sonó nuevamente el teléfono, mucho menos veces porque lo encontré más rápido que antes. Era una de las pocas cosas que había vuelto a su normalidad; era negro en un mundo blanco. Llamaba Raúl, el chico que cuidaba del barco. Otro llamado en el que tomaba conciencia de mi estado civil.

-Señora, no anda la batería. ¿Usted va a querer usarlo en estos días?

-Sí, Raúl, el barco me encantaría usarlo; y si puedo prender el motor, mejor aún. ¿Por qué lo preguntás?

-No, porque acá no va a quedar nadie en unas horas, y yo no tengo lancha para llevar las baterías, y…

-Raúl, ¿y si acercás el barco a la marina? Dejálo amarrado ahí hasta el lunes o martes. Arreglálo, por favor, que no tengo tiempo de ir a darte una mano.

-No se preocupe por las baterías. ¿Qué quiere hacer con el fierro ese?

Se refería al traveller nuevo. Había que llevarlo, junto con el traveller viejo, al herrero. No iba a ser fácil que transportara ambos fierros en bicicleta, tomando en cuenta el largo, y ni hablar del peso. El herrero cerraba al mediodía.

-Paso a buscarte con el auto a eso de las dos, tres a más tardar.

Lo dije y colgué, sin ponerme nerviosa. O eso creía. Continué con los muebles hasta que fueron las dos casi exactas, y vi llegar a quienes sigo llamando las santas de la limpieza. Me dijeron que me desentendiera, que ellas empezaban por lo más sucio y que podía ayudarlas cuando volviera. Me quedaban dos cortinas por colgar y, por supuesto, lo esencial, la razón por la cual estaba allí ese día, los cepillos de dientes y el papel higiénico. Raúl y los fierros esperaban en el puerto.

Llegamos al herrero de Maldonado en pocos minutos, el corte y perforación del traveller tomó a lo sumo unos minutos más, y partimos rumbo al puerto. Estuve a punto de pedirle a mi pasajero que se pusiera el cinturón, pero no fue necesario. A las dos cuadras, lo estaba haciendo mientras ponderaba lo bien que conducía. Giró hacia la parte de atrás y acercó los dos fierros para que definiéramos su instalación. Ambos decidimos que era muy peligroso tenerlos tan adelante. Los depositó nuevamente atrás, justo en el momento en que llegaba a la última esquina, antes de tener que cruzar la rambla, con el boulevard y doblar hacia el puerto. Miré a la izquierda, y no vi auto alguno; sin mirar otra vez, sin notar que había una parada de ómnibus, continué, muy lentamente, mirando a la derecha, al otro lado de la rambla, antes de cruzar el angosto boulevard del medio. Escuché que Raúl me decía señora y cuidado. Lo miré, vi que sus ojos se fijaban en mi ventana, e hice lo mismo. En cámara lenta, como si alguien me hubiera apretado el botón de una videocasetera, vi que un auto se venía directamente sobre el mío, sin posibilidad de esquivarme, a una velocidad muy superior a la de mi proyección del hecho. Él volaba hacia nosotros, pero yo lo veía en cámara lenta. Vi cómo abría sus ojos, cómo su torso tomaba impulso hacia el respaldo del asiento, y con ese mismo impulso, hasta yo sentí la fuerza que hizo su pie contra el freno. Apreté mi mandíbula, cerré los ojos, y me aferré al manubrio. El impacto fue una secuencia de golpe seco, un ruido fuerte de mi lado seguido por otro del lado de Raúl y un silencio absoluto, un silencio que me resultó extrañamente agradable. Abrí los ojos y me sorprendió el color que me rodeaba. Rosado. En voz alta le dije a Raúl que saliéramos rápido que había olor a quemado, para mis adentros me dije que era raro, que el cielo nunca había sido rosado. Ambos, olor y color, pertenecían a los airbags, a esas dos cortinas inflables que salvaron mi vida y la de Raúl.

Lo que siguió fue casi un trámite. Salimos del auto por la puerta del pasajero. Mi costado estaba totalmente en ruinas. Del auto que me chocó salieron dos hombres diciendo que era una suerte que la ley de cinturones de seguridad se hubiera aprobado en Uruguay. Que ellos nunca los usaban antes. Empezó a llegar gente. Todos prendimos un cigarrillo, todos decíamos que nos temblaban las rodillas, todos nos preguntábamos si el otro estaba bien. El que manejaba el otro auto llamó a un remolque y a su abogado. Yo llamé a Bigo. Le avisé que no iba a poder ir a buscarlo al aeropuerto, le conté que había chocado, pero que me quedaba poco crédito en el celular y todavía tenía que hablar con el seguro. Vino un patrullero, preguntó si había algún herido, dijimos todos que no. Entonces, dijo, esto se resuelve entre ustedes, y se fue. Llegó el remolque, evaluó la situación, decidimos que a mi auto todavía lo podía manejar si cambiábamos la rueda; seguía llegando gente, la esquina se poblaba a modo exponencial. Raúl y el otro pasajero empezaron a cambiar la rueda, el otro conductor y yo intercambiamos datos para la denuncia. Mi seguro le cubriría todo. Él no tenía seguro. Esa ley todavía no había sido aprobada. Vimos partir a la grúa; iba a dar la vuelta al boulevard para remolcar mejor al auto del que no tenía seguro. Sonriente, puso primera y, uno o dos segundos más tarde, oímos otro ruido seco. La grúa había chocado con una moto, razón por la cual, perdimos al público presente. Nuestra esquina era historia vieja. Todo eso atrasó un poco el trámite, pero no mucho. Vino otro remolque, y nos fuimos todos a la misma comisaría. Raúl siempre conmigo, y yo muy contenta de saber que nadie había sufrido nada. La irresponsabilidad, el descuido, habían sido totalmente míos.

Denuncia hecha, y con el auto partido al medio, volví al departamento. Seguí o más bien retomé el ordenamiento iniciado esa mañana. Colgué las cortinas que faltaban, eran tres no dos, pero me prestaron una escalera y el esfuerzo fue considerablemente menor que las anteriores. Repasé el living, puse las botellas de vino que faltaban, cambié un poco la decoración porque sí. Porque tenía tiempo. Y sonó el teléfono de nuevo.

Estaban saliendo de Aeroparque, querían saber si había que comprar algo. Les dije que no, que los chocolates de siempre si querían.

-Gordita, antes de que me olvide, ¿te fijás si podés encontrar los cepillos de dientes?

Respondí que sí, que iba a buscarlos. No lo hice con un: ¿me estás cargando? No, porque no había sido una pregunta mal intencionada. Porque Bigo era así, y punto. Me metí en la ducha, agoté el agua caliente del termo tanque, salí muy despacito de lo que se había convertido en un baño turco, me tiré en la cama con una toalla en la cabeza y me tapé con el glorioso acolchado. Puse el despertador para las diez de la noche, me relajé, dormité un poquito y salí del trance antes de que sonara nada. Excepto el teléfono. Ya estaban en la ruta, llegarían en una hora.

-Pedíte una cazuela de mariscos enfrente, así no tenemos que cocinar.

Nunca lo hacíamos, pero me gustó el gesto. Bajé, pedí la cazuela, también pan, y subí con un olor a pescado que mareaba. Abrí una botella de vino, y me serví una de las copas más ricas que recuerdo haber tomado. La mejor fue con una amiga en Montevideo, pero no era el momento de trasladar mis pensamientos a nada distinto.

Esa noche me costó muchísimo conciliar el sueño. Es más, me resultó totalmente imposible. El corazón latía a destiempo. Ni muy rápido, ni muy lento. Simplemente, fuera de su ritmo y fuera de su cajita, si es que había estado dentro de una caja. Era lógico, me dijeron Bigo y nuestros amigos al día siguiente. Son los nervios del accidente. Puede ser, aunque yo no los tenía, por lo menos no en el plano consciente. El resto del fin de semana me convertí en un ser caprichoso. Salimos a navegar, sin viento, pero daba igual, yo iba a salir, quería salir, y todos tenían que venir conmigo. Entonces fondeamos, Bigo y nuestros amigos se pusieron a pescar, yo protesté por el olor a pescado y el color del tinte de los calamares que usaban de carnada. Al día siguiente, como había más viento, dije que podíamos salir de vuelta, esta vez con las velas. Nuestra amiga dijo que podíamos hacer lo que quisiéramos, pero que ella a ese barco no se volvía a subir. No disimulé mi decepción, puse cara de puchero y generé otra discusión más de esas que no tienen forma de terminar porque me encargaba de contradecirme apenas me daban la razón.

Terminé saliendo sola un par de horas, y no lo disfruté, ni al zarpar, ni al tomar la boya de regreso, ni durante el trayecto. Todo me venía mal.

El resto del fin de semana, Bigo probó lo que pudo y desplegó una paciencia que ambos desconocíamos. Probó con buen modo, con amenazas, decía que iba a vender el departamento, menos pegarme una cachetada, hizo de todo, pero a mí no había nada que me viniera bien. Volvimos los cuatro en avión, el auto destrozado quedó atrás, al igual que el barco. Dos cosas habían cambiado en nuestra vida: yo me convertí en una caprichosa y ambos descubrimos que sí, en efecto, yo tenía corazón. Fueron muy molestos los meses que siguieron. Simplemente porque todas las noches, al recostarme en el sofá para ver la tele, me empezaba a latir el corazón de la misma manera que el día del choque. Fuera de su cajita.

Se terminaba el invierno, y era hora de que el barco volviera a su lugar de origen y yo todavía no me encontraba lista para realizar el trayecto sin ayuda. Una vez más, la navegación se inmiscuiría en mi relación matrimonial. Así las cosas, empecé en vano a pedir presupuestos, aunque tenía idea de cuáles eran los números. Me cotizarían en dólares, moneda de la cual no disponía, y no sería barato. De quinientos a seiscientos cincuenta dólares más un par de pasajes. Y la empresa de transporte fluvial no paraba de aumentar sus tarifas. Estaba a punto de confirmar al señor de quinientos, cuando una amiga me comentó que un conocido suyo podría hacerlo. Me dijo que sería un programa para él, que por qué no lo llamaba. Lo hice y respondió encantado que sí, que en ese mismo momento se ponía en campaña para buscar tripulantes. Si quería, le ofrecí un pasaje que no había usado la temporada anterior más el que tampoco usé por el choque del auto, y él aceptó. Dijo que iba a venir un día a casa para que le diera las llaves y para conocernos. Envidiaba el plan sin mí adentro. Preguntó si quería ir con ellos, pero no me pareció correcto. Por Bigo, también por las mujeres de ellos, y principalmente porque les arruinaría un plan de varones.

Cuando iba a cambiar los pasajes, lo llamé para asegurarme bien la fecha y el horario. Me agregó un tripulante, con lo cual, además de modificar los pasajes existentes, tenía que comprar uno adicional; durante el llamado me dio tres nombres, tres números de documento, y cuando pregunté me dijo que por suerte habían encontrado a otro porque el viaje iba a ser muy cansador en dobles. Ah, y agregó que preferían ir directo a Montevideo en vez de a Colonia, porque de esa manera no iban a llegar tan de noche a la marina. Si no me generaba mucho problema, preferían ese itinerario. Como de costumbre, no respondí con enojo ni con sorpresa, lo tomé como algo natural. Sin darme cuenta saqué a relucir mi faceta de inocente. Para no hacer nada a medias, para no contradecir la falta de carácter que había demostrado con el tema de pasajes, ofrecí aprovisionar el barco, y les mandé una lista de lo que iba a comprar por mail en caso de que hubiera algún alérgico o maniático. Dos noches antes, vino el conocido de mi amiga a casa a retirar las llaves y la documentación, también a preguntar si podía pedir un poco más de jamón, porque doscientos cincuenta gramos para tres hombres todo un fin de semana le sonaba a poco. En un ataque de tos importante y repentina, Bigo se levantó para ir al baño. Volvió después de que escuchó cerrarse la puerta, me preguntó quién era el fantasma que había pasado a buscar las cosas, y cuestionó mi criterio para juzgar a la gente. A modo de defensa, le dije que igual no estaba mal mi arreglo, que hubiese sido más caro contratar a alguien, y que tres personas iban a tener un fin de semana muy entretenido. En un comentario sarcástico, que resultó también ser visionario, dijo:

-Lástima que vos no vas a ser ninguna de ellas.

Partieron un viernes de noche. Para no comerme las uñas, invité gente a comer a casa. Los llamé en el momento que entraban al barco.

-¡Qué lindo es! Mañana zarpamos al alba, ahora vamos a comer algo afuera. Nos vemos el domingo.

Corté y me hice una promesa: era la última vez que toleraría sentir esas cosquillas de nervios, impotencia y por qué no, envida. La última vez que quedaría afuera de una travesía de mi barco. Sonó el teléfono a eso de las ocho de la mañana del sábado. El fantasma que había pedido más gramos de jamón me preguntó si sabía algo de un impuesto que estaba impago. No tenía idea.

-Entonces se va a complicar, porque como acá es feriado el lunes, no vamos a poder pagarlo hasta el martes.

Me dijo que ya se había peleado con los de la prefectura uruguaya. Que estaba a punto de mandarlos al diablo. Le pedí por favor que no lo hiciera, que después no iba a poder sacarlo. Los del puerto le habían dicho que iban a mandar a alguien. Si es que lograban encontrar a alguien, pero que no se lo prometían. Hice lo que me pareció correcto. Llamé a prefectura y les pedí disculpas. Nunca me había llegado ninguna factura.

-Señora, la entendemos, es una ley bastante nueva. Pero entiéndanos usted a nosotros. Esto sólo lo cobra la marina mercante, y hasta el martes no vienen a trabajar.

Todos nos entendíamos. Sin embargo, yo tenía una sensación de tristeza enorme. Y culpa, por los tres tripulantes varados, y por Bigo. El ruido del teléfono lo había despertado un sábado a las ocho. Hablé nuevamente con el conocido de mi amiga. Lo habían llamado de prefectura, y le habían dicho que en una o dos horas, a lo mejor iba alguien a cobrarles el impuesto. Pregunté cuánto era. Nadie tenía idea. La ley, me repitió, era muy nueva. No había pasado una hora, cuando volví a escuchar el teléfono. Se había resuelto el misterio. Eran cuatrocientos dólares.

-¿Tienen para pagarlo? Yo se los devuelvo el lunes.

-Sí, tenemos, pero esperá que te paso con mi amigo.

Resulta que quien se había convertido en el capitán del barco no era él, era el amigo del conocido de mi amiga.

-Nicole, ¿qué querés que hagamos? Ya perdimos varias horas y nos estamos quedando sin viento. ¿Querés que salgamos igual, aunque te lo dejemos en Montevideo o en Colonia?

-Sí, dale, hagan lo que les parezca. Si pueden sacarlo de Punta del Este, mejor. Ya me siento bastante mal de que se les haya arruinado el plan.

-Nadie tiene por qué sentirse mal. ¿Cómo ibas a saberlo? No te preocupes.

Suponiendo que iba a recibir algún llamado, di vueltas sin poder dormir, pero a eso de las dos de la mañana, engañada por el silencio, me acosté. Soñando con ir a la marina al día siguiente, a la hora que fuera, a recibirlos. Mi humor y mis expectativas cambiaron a las ocho de la mañana. Sonó el teléfono, me encontraba nuevamente hablando con el fantasma, cuya voz rara vez era alegre, y a medida que avanzaba el fin de semana, el tono se había agravado bastante. Todo mal, decía la voz. El viento no apareció, el motor no sé qué cosa, y seguían las quejas.

-El timón se puso duro, ¡no te puedo explicar el frío que chupamos!

Le recordé que era invierno, que normalmente hacía frío navegando hasta cuando era verano, y le pregunté si habían tenido dificultades con la calefacción. En efecto la habían podido prender, pero como nunca cortaba, pasaron de congelados a sudar como en una sauna. Habían entrado en Montevideo, En fin. Dejarían el barco en Montevideo y necesitaba que mirara por internet los horarios de Buquebús, que no había forma de hacerlo desde allí. Lo llamé unos minutos después, le di toda la información y me preguntó si podía comprar los pasajes, no fuera cosa que al llegar a la terminal se hubieran agotado. No lo hice por un tema de titularidad, podría pasar que no los dejaran viajar sin una copia de mi documento y mi tarjeta de crédito.

-Listo, no te preocupes. Con los horarios estamos.

Quedé triste y frustrada. Debía aprender de una vez por todas a hacer ese cruce en solitario para evitar semejante dolor de cabeza. Al día siguiente, además de tristeza y frustración, me sentí desilusionada y furiosa. Cuando llamé para ver adónde le iba a pagar al conocido de mi amiga y la cantidad exacta, me dijo que eran unos ochocientos dólares. No había entendido nada. Ellos no lo habían hecho como plan, había sido un favor del conocido de mi amiga hacia mí y de sus amigos hacia él. De haber sabido, hubiese contratado a alguien directamente, nunca hubiese pedido un favor de tal magnitud, jamás me hubiese expuesto a tanta discusión con Bigo por mi falta de criterio.

Al cabo de unas semanas, fui con un matrimonio amigo a buscar el barco, y supuse que una vez amarrado en Punta Chica, en su marina de siempre, varios de mis problemas se verían resueltos. El barco y yo dábamos vuelta la hoja. De pensar tanto, y accionar tan poco, mi corazón empezó a dar cualquier cantidad de saltos adicionales a los que acostumbraba. Nuevamente, lo atribuí al accidente de auto que había tenido. A los latidos se le sumaba una sensación de tener un maní a medio tragar. Por lo general, esto último me pasaba después de comer algún maní y dejé de hacerlo para notar que el maní no era real, aunque comiera una uva, o tomara un vaso de leche, el maní seguía sin pasar. Excepto cuando dormía. Varias veces sentí también que me dolía el pecho al fumar, y que el corazón se salía más de su ritmo. Largué, pues, una desenfrenada ronda de visitas a médicos y estudios. Fui al clínico, de ahí al cardiólogo, del cardiólogo al gastroenterólogo. Nada. Todo estaba en su lugar y funcionando correctamente. Al relatarle mi historia a cada uno de ellos, lo hacía poniéndome la mano en la garganta o en el pecho, y les pedía que hicieran algo para que el maní pasara de un lugar a otro y que no volviera a su sitio inicial. En la primavera dejé el cigarrillo. Me dije que ése era el problema y que no lo quería ver. Volvería a la pancita de Colombia, después haría un régimen. Total, a esta edad, mamá no me iba a llevar a la modista. Dejé de inhalar nicotina, y nada. Bigo mencionó el DIU que me había puesto un año antes. Podía ser. Entré en internet para investigar, en los foros del famoso DIU Módena, y muchas describían efectos como los que también estaba sintiendo: irritabilidad, hinchazón, y desaparición de la libido. Ninguna mencionaba del maní ni de palpitaciones. Pero ya que estábamos, por qué no agregar otra especialización. Fui directamente al ginecólogo. En esa visita, al igual que en todas las otras, un médico que no era psiquiatra, ofrecía recetarme un ansiolítico. Y eso que les había preguntado a todos si estaba loca. Era lo primero que preguntaba. Puede ser, decían, pero descartemos lo físico. Es así como pasé de hacerme un ecocardiograma, a cargar veinticuatro horas con un Holter, a un estudio llamado cámara gama, una endoscopía, una colonoscopía, un Papanicolaou, y la remoción del DIU. Esto último tomó tres días y un desmayo en el consultorio del ginecólogo. La conclusión era que no tenía nada, con lo cual, fui a ver a Raquel, la psiquiatra. Me dijo que definitivamente estaba presentando un cuadro de angustia importante. Que me veía en un período de transición muy definido. Lo que no estaba claro, era el por qué.

-¿Qué te angustia?

-Ni idea.

Es una excelente profesional y sin embargo, indagó una hora más y no pudo descubrir el origen del cuerpo extraño que seguía en la zona del tracto respiratorio superior; es decir, el maní en la garganta. Mis descripciones iban mejorando. No así mi situación. Me pidió que fuera con Bigo en unos días, si quería. Hablé con Bigo, y muy diplomático me dijo que iría encantado, pero que se tenía que ir de viaje por dos semanas. No lo acompañé, tampoco me invitó a hacerlo. Aproveché, y pedí turno para hacerme una sesión de reiki. Una amiga me había explicado de qué se trataba, y me sonó de lo más lógico ir a canalizar mi energía junto con la universal. Me dijo que con el reiki me iba a armonizar. No sé si fue mi ignorancia o mi incapacidad para la armonía, pero a partir de esa noche, al maní se le agregaron horas de insomnio.

Me aboqué a otra tarea. ¿Por qué no? Si de verdad me encontraba en una transición, pensaba vivirla a pleno. Cambié de barco. El que había comprado no tenía las comodidades para viajar más de unas horas; y menos, hacerlo sola. Buscar fue fácil, diría que hasta divertido; cambiar no tanto; pero logré dar con el que se convertiría en mi compañero de aventuras náuticas durante los próximos años. Semana tras semana, fui perfeccionando mi conocimiento, y llegó el tan ansiado día en el cual haría el cruce más simple. Desde la marina que estaba en la provincia de Buenos Aires, a la ciudad, bordeando la costa. En el trayecto saludaría a la Catedral de San Isidro, al puerto de Olivos, a la ciudad universitaria, Aeroparque, y finalmente, entraría en el dique 4 de Puerto Madero. El barco podría descansar allí, mientras lo preparaba para seguir hacia Uruguay. Decidí quedarme a dormir en la marina, dentro del barco. Tomé un caldo, y comí unos fideos con bastante dificultad. A bordo, los tenedores no tienen más que tres dientes; con lo cual, tuve que convertir los fideos en sopa. Me daba igual qué comía, lo más importante era el horario de salida al día siguiente. No había suficiente profundidad en el canal para hacerlo a cualquier hora. Averigüé bien cómo venía la tabla de mareas y, en vano, me acosté. No pegué un ojo. Hice el sudoku de rutina, apagué las luces, las volví a prender, más sudoku, nada. A la madrugada creo haber dormitado unos minutos, bastante reparadores, nada excepcional. Tampoco iba a ser un viaje muy exigido, podría recuperar el sueño en otro momento.

El amanecer fue perfecto. Sol, intensidad de viento manejable, y agua suficiente. Solté amarras, tomé el timón en una mano y el GPS en la otra. Iba a salir del canal a motor, levantaría las velas a la altura de Olivos. Debía pasar cinco obstáculos, muy bien marcados por la carta digital que tenía. Del cuarto punto al quinto, llegué a sentir que iba a necesitar una tercera mano para sostener cada salto que daba el corazón. Latía bastante más rápido de lo normal, parecía que iba a subirse a la garganta, supuse que era el cansancio y me concentré en mantener el rumbo. Pasado el peligro de varadura, decidí izar las velas. Tenía tiempo, tenía el viento, todo menos la suficiente fuerza en las rodillas. Obstinada en lograr una navegación silenciosa, subí ambas velas y rodillas, y apagué el motor. Estaba exactamente donde quería estar, aunque con la sensación de un infarto inminente. ¿Qué me estaba pasando? Gateando, pude acercarme a proa para desenredar un cabo, y volví a tomar el timón de la misma manera. Continué el viaje en condiciones similares; mi pecho no pudo descansar hasta que llegué a casa y me di un baño. El resto de la semana pasé por momentos parecidos, en los cuales sentía que me infartaba por el solo hecho de tener que lavar un vaso o de ponerme los zapatos. En el afán de llegar a una solución, me acordé de la sesión de reiki que me había hecho la semana anterior. Sin dudarlo, llamé a la mujer que días antes, según mi opinión, me había enfermado. Llegué a su consultorio y le dije que me cerrara cuanto canal energético había abierto. También le dije que nunca más me haría reiki, que no entendía qué me había llevado a considerarlo, si mi vida estaba de lo más bien cuando mi cuerpo permanecía, según ella, bloqueado.

-No fui yo quien abrió los canales. Fuiste vos misma.

-OK, da igual. Ahora arreglálo por favor que esto es inviable.

Pidió que me acostara boca arriba, cerrara los ojos y le siguiera la corriente. Que le tuviera fe, que le hiciera caso. Cerré los ojos y abrí mi mente. Ella contaría hasta cinco, muy lento, y yo mientras tanto, debía ubicarme, mentalmente, en la misma situación que le había descrito. La que fuera, atándome los zapatos, subiendo las cortinas o navegando. Opté por el barco, había sido la primera de todas. Uno, dos, recordaba la mano en el timón, tres, el último punto en el GPS, cuatro, una vela arriba, cuatro y medio, el corazón empezó a arder y sentí que estallaba, cinco, sentí que me acercaba a la muerte, que no quedaba más lugar adentro del pecho para el ardor y el tamaño que había tomado el corazón.

-¿Qué sentís?

-El corazón

-¿Qué sentís?

-Que se quema

-¿Qué sentís?

-Late demasiado rápido, va a estallar

-Concentráte, ¿qué sentís?

-Miedo.

Me daba vergüenza, pero lo dije igual. Me daba miedo la vela de proa. Porque era grande, demasiado grande, y no la iba a poder controlar. Y si no la controlaba, no iba a poder hacer la travesía que tanto había soñado.

-¿Y qué pasa si no la hacés?

-Tengo que hacerla.

Terminada la sesión, me convencí de que estaba todo resuelto, y empecé a prepararme para el cruce a Colonia. El barco se encontraba feliz en Puerto Madero. Decidí que lo dejaría allí para siempre, y conocí navegantes de distintas partes del mundo que me alentaron a continuar mi aprendizaje.

Ellos me acompañarían con sus barcos a Colonia. Podía planificarlo para cualquier viernes, no importaba, el tiempo no era problema para nadie. Los lunes decía que saldría el viernes, los jueves a la noche sentía el pre-infarto, los viernes a la mañana decidía quedarme en casa y frustrarme. La culpa era de Bigo. No quería que fuera. También del clima. Era invierno. Y de la vela de proa. Era demasiado grande. Cambié la vela. Seguía la misma rutina. Jueves infarto, viernes bronca. Entonces fui a la psiquiatra de nuevo. Comenté que le había sido infiel, que había ido a ver a una reikista, y le di todos los detalles, del problema, y de la regresión con la susodicha. El último punto del GPS, la vela grande, la vela que no abría, y el momento en que morí con el número cinco. Quedó fascinada. No por el hecho de que hubiese ido a ver a una especialista esotérica, pero sí porque había podido llegar a sentir la misma angustia bajo el método del conteo. Al finalizar la charla, me dio el diagnóstico y un ejercicio. Parece que, en vez de ser yo quien contralaba mi vida y mi barco, quien estaba al mando, era el miedo. Me sorprendió. Y me generó una rabia indescriptible. ¿Cómo pude haber permitido que semejante monstruo se infiltrara y me paralizara de tal manera? El ejercicio era el siguiente: debía tomarme quince minutos diarios, aislarme y, pensando lo que quisiera pensar, llegar a sentir la angustia que había sentido con la reikista contando hasta cinco. Sin ella y sin nadie. Sola. Me dijo que iba a ser más fácil sentirme mal que sentirme bien, algo que le concedí. Cuanto más trataba de ignorar al corazón, más fuerte latía. Al día siguiente, al despertarme, me miré al espejo y saludé al intruso. Lo veía en mi cara, en mi expresión; el miedo estaba ahí y debía tratarlo bien para que apareciera y así poder despedirlo de una buena patada.

Al cabo de unas horas, decidí hacer el ejercicio de angustiarme. Aunque nunca tuve mucha disciplina para los ejercicios físicos, este era recetado por un médico, tenía que hacerlo. Me senté en el piso y probé la postura de meditación que creí que usaban los orientales. No tengo idea qué me hizo suponer que debía tomar una posición tan incómoda. Cerré los ojos y traté de ubicarme en la cubierta del velero, respirar hondo y contar hasta cinco, despacito. No pasó nada. El corazón se quedó tan quieto que pensé que ya no lo tenía. La imagen no funcionaba, había cambiado de vela por una más chica, ya no me asustaba. Con lo cual, probé imaginar que me ataba los zapatos y tampoco. Desistí. Probé nuevamente al acostarme esa noche.

Me senté con la almohada en la espalda, cerré los ojos y conté muy lentamente hasta diez. Eran las once y media, cuando vi por última vez el reloj, al abrirlos ya eran las seis y cuarto. Me había quedado profundamente dormida, sentada, con la cabeza colgando y el cerebro en off. Asumí que me había curado, sonreí y dormí, esta vez en la posición correcta. Le conté a Bigo, a mis amigos, al taxista y a quien se me cruzara, que había superado el miedo al miedo, de la forma más simple y rápida. No fue mi intención mentirles, realmente lo creía. Hasta que probé soltar amarras una vez más en dirección a Colonia. Llegué a salir del puerto, izar ambas velas y apagar el motor. Pero cuando vi la boya del canal Mitre, viré rumbo a Puerto Madero. Volví a amarrar, cerrar, tapar por unos días al barco y subirme a tierra para volver a foja cero.

Esta vez tomé otro camino. Acudí al consejo de amigas. La primera, por su profesión y edad, me hizo de psicóloga y de madre. La terminé agotando. No lo digo por perceptiva, porque estoy interpretando algún movimiento de manos. Lo digo porque, en un momento, después de cuatro horas de hablarle y responderle, levantó los pies y se acurrucó en la esquina más alejada del sofá. Apoyó su cara en las manos, bostezó disimuladamente y protegió sus ojos con los párpados. Otras dos, amigas, en momentos separados, me comentaron acerca de un sistema de terapia nuevo, muy esclarecedor, llamado constelaciones familiares; si me lo decían dos, era una señal; fui a constelar. Antes leí el libro Felicidad Dual de Weber, que explica el origen y el método de este sistema de psicoanálisis acelerado. Es un rótulo que le pongo yo, aunque no sé qué diría Bert Hellinger, el padre de las constelaciones familiares. Ideado en los años ochenta, es un sistema basado en lo que llama los órdenes del amor, y, como dice la contratapa del libro de Weber, las consecuencias de una infracción de este orden y, sobre todo, las salidas y soluciones positivas.

Según su autor, es un sistema de psicoterapia sistémica, valga la redundancia. Como el libro está principalmente destinado a psicoterapeutas, yo me proclamé idónea en el tema y lo leí. Me pareció fascinante. En quince o veinte minutos de una constelación, iba a poder resumir cien horas de terapia. El método es el siguiente. En una relación, según Bert Hellinger, unos toman y otros dan. El intercambio es esencial para mantenerla viva. Entre pares, uno da, el que recibe queda en deuda y por lo tanto al retribuir da más para que la relación crezca y el otro luego siga con lo mismo. Si, por el contrario, uno hiere o castiga, el otro debe retribuir pero no con un castigo más grande, con uno menor. Nunca deben dejar de dar o tomar. Si no, corren el riesgo de destruir la relación. En el caso de padres e hijos, los padres son los que dan, los hijos deben tomar, no revertir el orden y de un hijo al otro, iría por orden de llegada a la familia, de mayor a menor. Los factores desequilibrantes, serían un divorcio, un aborto voluntario o accidental, la muerte de un hijo en una guerra, o un suicidio, para citar algunos ejemplos. Para constelar, uno debe elegir el vínculo que quiera solucionar, como por ejemplo, el vínculo con un hermano o con algún familiar. No hay que decir mucho más que esto, no se trata de dar anécdotas descriptivas de carácter o interpretaciones personales. Simplemente dar datos de cuándo nacimos, qué número de hermano es el nuestro, y si hubo alguno de estos hechos como separaciones o demás en la familia. Quienes asisten a las constelaciones pueden ser personas que van a constelar o van a hacer de representantes.

Tuve la suerte de ser tan molesta para la psicóloga que estaba al mando de las constelaciones, que pude trabajar mi problema en la primera visita. Llegué puntual al centro gestáltico, junto con otras treinta personas. El salón era grande, con piso de madera, contra las cuatro paredes había almohadones en los cuales nos sentamos, sin zapatos y en silencio. La psicóloga explicó el sistema y, cuando preguntó quién quería constelar, levanté las dos manos. Elegí trabajar mi vínculo con el miedo. Me hizo una serie de preguntas adicionales, respondí a todas ellas: sí estaba casada, mi madre vivía, papá había muerto, ella es argentina y él era uruguayo, yo había nacido en Uruguay, Bigo en Francia pero era parte argentino, y una psiquiatra me había diagnosticado el tema del miedo. Me había dicho que él era quien tenía control de mi vida y de mi barco. Le tenía miedo al miedo. Sonrió e hizo una última pregunta. ¿Quién en mi familia había sido una persona sola, solitaria? Sin darme cuenta de lo que preguntaba, dije que me parecía que era mi abuela, me repitió la pregunta y volví a decir que ella era la única que recuerdo que se había sentido sola, pero que no me parecía que fuese una persona solitaria. Luego me pidió que buscara, entre el público, alguien que representara al Uruguay, otro que hiciera de Argentina, un tercero que me representara a mí, que los ubicara tal cual los sentía a uno con respecto al otro, y que me sentara a observar.

Recorrí con pasos y con la mirada a cada uno de los que estaban allí, y tardé relativamente poco en elegir al Uruguay. Era una chica con mirada clara, sincera, y una cara transparente. Para Argentina, tardé menos. Era una mujer de facciones duras, mirada fría y postura triste. La psicóloga eligió a mi representante; era una chica de anteojos, con expresión desorientada. Ubiqué al Uruguay diez pasos a la izquierda de Argentina y a mi representante frente a ambos países. Terminada mi participación, me senté en el asiento detrás de la que me representaba. Solo podía observar su espalda, pero veía bien a las otras dos. Terminada mi participación, se levantó la psicóloga y miró detenidamente a cada una de las tres. La representante de Uruguay estaba incómoda, y cuando le preguntaron qué le pasaba, dijo que sentía que se caía del mapa. La psicóloga le pidió que diera un paso para alejarse de Argentina, pero no más. Preguntó si con esa nueva ubicación se sentía mejor, Uruguay asintió y luego Argentina dijo que ella también estaba o se sentía cómoda. Mi representante se movía de un lado a otro, lamentaba no verla de frente.

Mi corazón había empezado a palpitar enajenado, y mi rostro a parecerse a un tomate. Nora, la psicóloga, hizo levantar al resto del público, la mitad se convirtieron en uruguayos, la otra mitad, en argentinos; y se ubicaron alrededor de las representantes iniciales. A medida que avanzaba con su trabajo, mi corazón volvió a acelerarse. Me sonrojé igual que cuando era chica y algo me daba vergüenza. Contuve las lágrimas, pero no me fue fácil. En un momento la psicóloga me miró y preguntó qué había pasado con mi familia en Uruguay. Le comenté algo acerca de los viajes que toda la familia de papá había hecho a Europa, causando innumerables separaciones. Si no me equivoco, los tíos de papá deben de haber sido los primeros en firmar separaciones de bienes en el Uruguay cuando se legalizó el divorcio. Como su abuela era una apasionada de Paris, es más, yo la conocí como Paris, no tengo idea de cuál era su nombre real, se iba a vivir por meses y llevaba consigo a sus hijos, no así a sus yernos y nueras, método que resultó nefasto para la continuidad de las familias. Nora le pidió a mi representante que se ubicara adonde mejor se sintiese. Se fue al lado del Uruguay. Me miró muy fijo, y me dijo que allí estaba todo bien con mi familia. Para finalizar, le pidió a la Argentina entera que se pusieran la mano en el pecho, y que hicieran una reverencia hacia el Uruguay. No sé si pudo ver las lágrimas que se me escaparon, tampoco hice gran esfuerzo en ocultarlas. Luego dio por terminada la constelación.

Me emocioné y no sabía por qué. Había leído que durante varios años iba a trabajar mentalmente lo que había visto, pero yo deseaba hacerlo más rápido. Quise preguntar, y me pidió que no lo hiciera, que dejara decantar lo que había sucedido. Cuando nos preparábamos para salir, la chica que me había representado se acercó para decirme que estaba segura de que todo iba a funcionar mejor en mi vida. Que se había sentido con palpitaciones muy fuertes y sonrojada hasta que la habían ubicado dentro de Uruguay. Y que la próxima navegación debía hacerla desde Uruguay hacia Argentina. Quedé muda. No podía creer que también ella había sentido lo mío y recordé lo insoportables que habían sido hasta ahora todas mis vueltas con el barco a Buenos Aires, no así las mini-travesías a Colonia o Punta del Este.

Había ido a las constelaciones con una amiga, también nueva al sistema, también bastante impactada por lo que habíamos vivido. Como era de esperar, cuando dos mujeres se reúnen en un auto después de cualquier evento, casi ni esperamos a cerrar las puertas que ya estábamos hablando. La conversación empezó por mis desarraigos, las mudanzas de chica, de lo difícil que es adaptarse a nuevos medios. Ella hablaba y yo asentía tratando de llegar a alguna conclusión; seguía su análisis, dábamos vueltas, divertidas e intrigadas, alrededor de situaciones cotidianas y de cómo me podían haber afectado. Hasta que me acordé de lo que había leído en el libro que explicaba las constelaciones y pude ver la figura de mi padre cuando era chico. La soledad que estaba resolviendo era la suya. De muy chico, sus padres se habían separado, y como la madre se iba de viaje a Francia muy seguido, y no quedaba bien que un chico viviera con el padre únicamente, lo enviaron a Buenos Aires a vivir con unos tíos que no tenían hijos pero que sí estaban juntos. Por esa razón, a la edad de nueve años, mi padre, hijo único, fue abandonado por los suyos y vivió su primera confrontación con una soledad que yo, hasta ese momento, había vivido como una simple anécdota, de las pocas que nos contaba. Cuando cumplió catorce, el padre lo había ido a buscar y papá le pidió que lo dejara en Buenos Aires, que no quería cambiar de colegio otra vez. La frase de despedida fue:

—Si no venís conmigo, olvidáte de que tenés padre.

Dicho y hecho, papá sufrió un segundo abandono, y después de que hablé con mamá y le pedí más datos para entenderlo ahora que ya no estaba, supe que esa había sido la última vez en la que papá iba a permitir que lo dejaran solo. Le pedía reiteradamente a mamá que se quedara con él, que no se fuera antes a ningún lado, ni literal ni figurativamente. Entendí, al fin, la fascinación que sentía papá por Napoleón.

Finalizada la constelación, hechos los ajustes internos posibles, y calmadas las palpitaciones, me preparé para ir a Colonia en solitario. Se terminaban las excusas, mi corazón se movía al ritmo correcto, el río aguardaba y me desafiaba junto con la meteorología. Pero ahora tenía un apoyo incondicional, un amigo nuevo y no tanto, a juzgar por las conversaciones que teníamos y la sensación de haberlo conocido desde siempre. Jacques se había convertido en mi guía, en una fuente de respuestas que a su vez me generaban más y más preguntas. Comentó que no tenía problema alguno en adoptarme como alumna, como compañera de aprendizajes, porque él conmigo también aprendía y bastante. Y que lo hacía encantado, porque, repetía, estaba cansado de la soledad. También algo resignado, ya que no era esa exactamente la relación que estaba buscando. Esto último nunca lo dijo de manera explícita. Jacques era un caballero. Nunca generó momentos incómodos en los cuales yo sintiera que tenía que definir nada. Podía acompañarlo en su barco si quería, le respondí que para mí era muy importante hacer el cruce en el mío y en solitario o como mucho si él quería venir en el mío, pero no lo iba a dejar tocar ni el timón, necesitaba saber que lo podía hacer sola. Él únicamente hacía viajes en su barco, era su casa, no concebía tener que preparar un bolso. Entonces, según sus palabras, el Maja sería el barco conserva, es decir, navegaría cerca del mío, a modo de escudo, de apoyo. A mí me sirvió también de guía. Me dijo que no le costaba nada, que iba muy seguido al Uruguay. Y también le gustaba la idea de tener con quién comer a la noche, charlar un poco, no estar caminando por las calles empedradas de una ciudad tan linda, solo y sin con quien ponderarlas. Yo le dije que para mí era un honor ser acompañada por alguien tan sabio, tan agradable, tan interesante. Ninguno de los dos mentía.

Me había comprometido con Bigo y conmigo misma con respecto a la vuelta. La haría al día siguiente. Iba a tener pocas horas para acompañar y agradecer a Jacques, él se quedaba dos días más. Pero el objetivo era enfrentarme a la aventura del cruce en solitario, no era el momento para empezar a descifrar si la vida náutica se daba de narices con mi vida actual. Encaré el proceso de partida paso a paso. Había constelado el martes, el miércoles fui a limpiar la cubierta, revisar velas, cabos, fondeo, combustible y antes de cerrar, hice la lista de provisiones. El jueves, muy temprano, llevé todo al barco, pasé por el Maja, tomé un café y Jacques se preparó un mate, y juntos fuimos hasta la prefectura a hacer el papeleo necesario para cruzar la frontera ribereña. El jueves a la noche, dejé todo listo en el barco y volví a casa, respirando hondo y convenciéndome de que era una noche más, de que debía únicamente dormir y despertarme. Que al día siguiente iba a tener que bañarme, lavarme los dientes, pero que hasta ahí llegaría mi análisis. Evaluar mentalmente cualquier otra proyección, daría lugar a especulaciones innecesarias. Sudoku en mano, y con el despertador fijado a las cinco de la mañana, cerré los ojos y los abrí dos minutos antes de que sonara esa campanita irritante.

Llegué a la marina, y tomé un café con Jacques. Fue un café simbólico. Tiré mitad del contenido al agua. Pedimos apertura de puente para las diez de la mañana y fui a preparar las dos cosas indispensables para zarpar. El barco y mi cabeza. Cabos, fundas, motor, cuando todo estaba listo, me concentré en unos ejercicios de respiración que había aprendido en un curso al cual le había dado poca importancia en su momento, medité unos minutos y prendí la radio para comunicarme y permitir que me avisaran cuando podía salir. Mi estado era de una calma y felicidad absoluto.

En medio del viaje, le escribí a papá:

¡Hola!

¿Podés creerlo? ¡Voy rumbo a Colonia en solitario! Por fin dejé de poner excusas, por fin pude entender cuál era el tema con la soledad. Increíble por dónde surgió tu ayuda para este paso tan significativo en mi vida. Cómo te hubiese divertido escuchar y por qué no vivir esta aventura. Igual te cuento que algo de cosita me da. Mañana tengo que volver, y según el barómetro, no va a estar tan lindo. Pero la vuelta nunca ha sido mejor que la ida… eso también debería cambiar. Lo mismo que en el trayecto que llevo vivido, que está a punto de pasar la mitad de los años que supongo viviré.

¡VAMOS TODAVÍA!! Voy a descubrir la manera de que el regreso sea mejor que el viaje de ida…

¡Agh! Voy a dejar de escribir un rato porque parezco un huevo pasado por agua de esos divertidos que hacías cuando éramos chicos. Tengo el viento de aleta, o sea que viene desde uno de los vértices de popa (para vos, ingeniero) y el barco va de un lado a otro muerto de risa. No de velocidad, de risa.

Ok, te dejo un ratito y presto un poco de atención al rumbo. Voy derecho al buque que está en el canal. Él en su sitio y yo haciéndome la osada. ¡BASTA NENE! Quedáte quieto un minuto que termino la frase. Son las 14 hs. Te encantaría este momento: voy a poner la bandera uruguaya.

Cada vez entiendo más quien eras, y por qué fuiste mi padre.

Un beso enorme,

Yo

Poco después apareció una sonrisa que había perdido alrededor de la época del choque en auto. Hizo su regreso apenas logré frenar el barco con el cabo, el cual afirmé, como pude, en el herraje correspondiente de proa. Jacques seguía haciendo gestos para convencerme de que había que ajustar el cabo un poco más, pero yo no podía esperar. Levanté ambos brazos y dije en voz alta:

-¡YES! ¡YES! ¡Lo hice!

Y le mandé un mensajito a Bigo.

-¡I did it!

La respuesta llegó en segundos:

-¿Qué duda te cabía?

No tuve tiempo de responder, ni la claridad emocional para hacerlo. Tampoco tenía los anteojos para embocarle al teclado. Fui a buscarlos, pero en el medio, llegó un segundo mensaje.

-¿Ahora ya está?

Respondí en poquísimas palabras. A falta de vista y con dos letras por tecla, el mensaje salió encriptado. Decía variss dtdss…' y no' yoevia no. Quise decir: Varias dudas…, y no, todavía no. Nunca pidió explicación, ni siquiera cuando llamó y hablamos en un idioma más humano. Quería contarle que sí, que había tenido dudas. No sólo de poder lograrlo. Mi duda más grande, había sido la capacidad de disfrutarlo. ¿Qué hubiese pasado si no me gustaba navegar en solitario? Iba a tener que replantearme muchas cosas. Pero no fue así. Me encantó. Miré bien al barco y sentí que me enamoraba, aún con el desorden y el trabajo que me implicaba. Miré hacia el teléfono y sentí lo contrario.

Durante el regreso a Buenos Aires, evalué las emociones encontradas de la tarde anterior y la claridad me asustó. No había entrado en pánico. Temblaba porque entendí que mi relación con Bigo estaba por cambiar, y no sabía bien hacia dónde. Menos cómo. Ese mismo día, empecé o retomé una costumbre que había perdido. Escribir a mano en cuadernos con hojas que no se pueden arrancar. Me senté únicamente con un cuaderno y una birome, sin aparato tecnológico alguno, sin llevar la letra hacia adelante. Todo indicaba que iba encontrando el camino a seguir para los años que me quedaban por delante. Es así como me sentía, es así como escribía. Atrás estaba dejando mucho, eso pasaba por mi cabeza. Cuán simples habían sido las decisiones importantes hasta ese momento, cuando lo que veía para adelante era mucho más de lo que abandonaba. Por ejemplo, aunque no había sido mi decisión ir a Colombia, sí había podido elegir cómo hacerlo. Podría haber llorado de tristeza, de rabia porque nos habían sacado las valijitas y por no haberle pegado al chico que las había abierto. Pero el mandato materno, ahí y en varios otros momentos durante mi formación, había hecho que decidiera vivir ese momento mirando para adelante. Y el mandato paterno, que lo viviera como una aventura, con imaginación, expectante. Al igual que cuando puse en la balanza las materias que ofrecían en las distintas carreras y evalué el futuro de cada una. Estudiar o trabajar iban a ser resultados de mi decisión, afectaría únicamente mi bienestar o mi afán de sentirme desafiada. No involucraba los sentimientos de nadie más, tampoco los de mis padres. Ellos me habían inculcado ese tipo de independencia. Nos habían dado el ser, lo más importante que un humano puede dar a otro. Esas fueron las palabras de papá cada vez que alguno de nosotros le pedía plata o el auto. A veces nos daba lo material que le pedíamos, pero nunca dudamos de que ya nos había brindado lo más importante, el resto era tema nuestro. Él tenía su vida, nosotros teníamos con qué construir la vida de cada uno.

Entre otras cosas, había unido la mía a la de Bigo. Y en eso estaba. Decidiendo cómo seguirla, consciente de cuánto afectaría la suya. Pensé en qué me había llevado a ese momento. Existía la posibilidad de que, con mi nuevo rumbo, ambos nos estuviésemos apagando. Durante años, habíamos vivido sin pensar en función de cómo era afectado por la actividad o inactividad del otro. Así estaba encarando la navegación también. Eso creía, en eso me mentía. Yo lo había dejado afuera de mi vida náutica desde el primer día en que izé una vela. Desde aquella mañana en que me sentí completa sin estar rodeada de tanto bien material. Reflexioné. Sería imposible ir para atrás y deshacer lo hecho. Decidí mantenerme tan objetiva como pude.

Entonces lo miré desde el punto de vista de qué le estaba haciendo yo a él, y me invadió una enorme tristeza. En mi afán de salir a buscar una aventura tras otra, él era sometido a una incertidumbre que lo paralizaba. Ni uno ni el otro veíamos la posibilidad de avanzar. No quedaba claro si el próximo paso lo daríamos acompañados o totalmente solos. ¿Era posible mantener o retomar el envión como pareja, o había llegado el momento de separarnos? Venía convenciéndome de que si pudiese hacerle ver qué me impulsaba a buscar travesías, si le aclarara qué lleva a una persona a desear metas que nada tienen que ver con logros profesionales o monetarios, iba a solucionarse el dilema y podría darme el lujo de una u otra escapada, sin mortificarlo.

En el ínterin, fui una mañana a despedir a Jacques. Hablamos de todo, yo con mi sana envidia viendo que tenía el valor y la libertad para emprender nuevamente un viaje solo y él con la calma que supongo le daría ir con derrotero conocido. Fue la primera vez que me permitió o se resignó a que yo pagara el almuerzo. Me preguntaba acerca de mis hallazgos místicos, y escuchaba en silencio y con una mirada tan profunda como distante, y alivianamos el momento recurriendo a historias de Lena y su hermana; siempre me preguntaba por ellas, esa vez le conté que la hermana de Lena había matado a una mujer.

- ¿Cómo que mató a una mujer?

- Eso mismo le pregunté yo. Dijo que se cruzó una vaca, que iba manejando ella porque a Manuel, su segundo marido, era imposible darle el volante. Aunque suponía que él hubiera hecho lo mismo, que los tenía cansados.

- ¿Quién, la mujer?

- Sí, sí. Sus palabras fueron: "La difunta, que en paz descanse, había enviudado tres años antes de nuestro viaje a la estancia. Fue poner un pie en el coche que empezó a gemir: 'cómo te extraño Arturo' y 'cuándo volveremos a estar juntos'. A todo esto, Arturo no había dejado huellas de querer ser encontrado. El pobre hombre había muerto súbita y sospechosamente en la casa de una dama de compañía. Haciendo caso omiso de la historia, su mujer, a sabiendas de que había estado casada con un atorrante, reclamaba verlo nuevamente. Traté de concentrarme en la carretera, pero hete aquí que, de vez en cuando, desviaba la mirada por el espejo retrovisor. A ver si conseguía que nos diera un descanso. Se me fue la mano. Descanso le di yo al no ver la vaca enorme y negra, cruzando, muy lenta y tranquilamente, la ruta.

- ¿Murió en el acto?
- La vaca no, pero a la viuda la saqué de su desdicha en un santiamén. Se fue en busca de Arturo.
- ¿A vos y a Manuel no les pasó nada?
- Un raspón en mi mano izquierda y Manuel se abrió la cabeza. Pero nada grave. Se murió la única que no quería vivir.

Cierto que ya sabía que un accidente en la cabeza, con apertura era menos grave que con herida interna. Pero era la primera vez que escuchaba el concepto de que muere solamente aquel que no quiere vivir más. Y sin exagerar, juré que nunca moriría en vida.

Jacques se iba navegando solo a Brasil, aunque esperaba que pudiera ir y acompañarlo en una regata que corría anualmente, desde Recife a Fernando de Noroña. Ninguno de los dos albergaba mucha esperanza, yo no veía cómo decirle algo así a Bigo, él era consciente de que si lo hacía iba a ir directo pero a la sala de emergencias. De tal magnitud iba a ser la patada en el traste que sin dudar me proporcionarían en casa. Lo despedí junto con algunos amigos. Acompañamos su barco junto con el mío hasta el canal Mitre y desde ahí nos llamó por celular y nos dio la despedida formal. Pidió que le mandáramos mensajes, y me dijo una frase muy pautada, y muy serio:

-Te recordaré…

-¿Qué me vas a recordar, Jacques? ¿Qué consejo me vas a dar ahora?

-Déjame terminar. Te recordaré en el mar.

Quedé emocionada y contuve algunas lágrimas por pudor y por el shock que sus palabras me produjeron. Contuve lágrimas que surgieron una semana después, cuando recibí el llamado del capitán del Yacht Club Puerto Madero, adonde ambos teníamos amarrados los barcos, dándome la noticia del naufragio de Jacques. La marina brasilera había recibido un mayday del Maja, su barco, en el cual informaba que debía abandonarlo y cuál era su posición. Un buque que andaba cerca llegó a tiempo para verlo arriba del bote en el cual trató de mantenerse a flote, pero minutos más tarde lo perdió de vista. Una semana más tarde, la búsqueda terminó, y Jacques junto con el Maja, ingresaban, muy a mi pesar, en la lista de destinatarios de cartas sin remitente. No le llegarían nunca los mensajes que le había mandado por correo electrónico, como tampoco le habían llegado mis consejos de que esperara unas horas o días para salir porque venían dos frentes de tormentas importantes que podían dificultar su travesía.

Mi vida debía continuar, mientras trataba de entender la aparición de Jacques en ella, y cuál era el mensaje que supuse había tratado de transmitirme. Además, desde aquel viaje a Colonia en solitario, seguían apareciendo preguntas difíciles y muchas de ellas habían surgido ya en conversaciones con quien había naufragado y a quien ya no podía recurrir. ¿Tenía derecho a buscar mi propio camino? ¿A pensar en mí únicamente? Si me respondía que no tanto, me dolía la panza. Si la respuesta era positiva, entonces evocaba la imagen de Bigo, lo miraba a los ojos y le decía clarito lo que pensaba. Como buena cobarde, hablaba con su imagen, no directamente. Y se me llenaban los ojos de lágrimas. Lo sentía en el alma. Llevaba adentro cada etapa de las que habíamos vivido juntos, cada mirada, cada pelea y los miles y miles de momentos que sólo una pareja puede recordar, revivir o hasta, si se quiere, olvidar. Aunque no veía cómo. Después de tantos años, no veía cómo despojarme de lo vivido. Tampoco quería hacerlo. Me gustaba la idea de que existiesen momentos para evocar, momentos que me daban la experiencia para encarar lo que tuviese por delante. Hablaba y escribía como si estuviese por dejarlo todo. Por pasar a otra etapa, principalmente con relación a Bigo. Una de recuerdos y nada más. Como si tuviese que hacerlo por un mandato superior. Como si ese torrente de lágrimas que corría por mi cara, fuera la causa y no el efecto de un dolor profundo que me pedía a gritos que creciera.

Sin haber secado totalmente las lágrimas, volví a hacerme una sesión de reiki. Voluntariamente, no por curiosidad, y también por un dolor en el pecho y un cosquilleo en el resto del cuerpo que me eran familiares. No me asustaban. Sabía que nunca más tendría miedo al miedo, pero tampoco estaba con tiempo para calmarme con respiraciones y meditación. Esta vez fui a casa de una amiga que se había convertido en reikista, a vivir, por una hora, una modificación de roles; una hora en la cual ella se convertiría en terapeuta espiritual. A medida que pasaba el péndulo, iba dando el informe de cómo me veía. Cuando llegó a la altura del corazón, me dijo que tenía un agujero por el cual se me estaba yendo mucha energía, que lo iba a cargar y tapar de vuelta o tapar y cargar, no le pregunté, me era indistinto, el dolor desapareció. Una vez más, mi corazón había dado señales de vida. Tenía un corazón y eso ya era un descubrimiento importante. No lo podía negar nadie. Si a veces palpitaba de más, si otras se quedaba demasiado quieto, si en ocasiones se quemaba o ardía, era porque su dueña no llegaba a reconocerlo como debía, o simplemente había ignorado su existencia. Cerrado el agujero espiritual, pude evaluar, más calmada, la situación emocional. Se convertía en algo irreversible.

Estaba por tomar un rumbo que dejaría secuelas y sin duda alguna, aprendizajes. Lo que aprendía del dolor siempre era bueno. Pero antes había que pasar por herirse y cerrar la herida. ¿Y qué pasaría con él? Cada uno debía hacer su propia lectura, cada uno trazaría su propio recorrido. ¿Sería el principio de caminos separados? Daba vueltas como una calesita, me preguntaba, me empezaba a responder y me hacía otra pregunta más. Por suerte nunca lo hice en voz alta, en silencio ya había convencido a varios que estaba totalmente fuera de mis cabales.

Volvía al punto que me llevaba a tomar la decisión de seguir un camino, sola, y no veía cómo frenarlo. Buscaba sentirme con libertad de acción. Libertad de pensamiento siempre había tenido, de acción básicamente también. Dentro de unos límites bastante normales a modo cultural, tampoco era que hubiese tenido nada muy raro en mi corazón ni en mi cabeza. Con la vela había cambiado mi perspectiva. Hasta ese momento, mi libertad se reconocía en Bigo. Mi amor por él era lo que la delimitaba. Con la navegación y las ganas de hacer travesías más largas, buscaba vivir una libertad cuyos límites fuesen únicamente mi conocimiento y la naturaleza. Una libertad en la que no quedase nadie herido, excepto quizás mi propio ser, y vivir sin herir ni condicionar a otros. Mi enfoque en la náutica modificaba la imagen que tenía de Bigo. Sin pedirle permiso, lo cambié de lugar. Dejó de ser el límite y se convirtió en limitación. Lentamente construía una barrera difícil de romper, pero no me daba cuenta. Y eso que vivíamos en una época en que se estaban derribando barreras de todo tipo.

Por vía electrónica. Hacía años que habíamos dejado la costumbre de enviar cartas manuscritas a seres queridos. Sin embargo, nos manteníamos en contacto con gente que habíamos conocido hacía relativamente poco, escribiendo y leyendo mensajitos de texto y mails, pero siempre con el pie en el acelerador. Contábamos con poco tiempo para vivir el presente, proyectábamos constantemente el futuro. El mundo corporativo era así. Casi ni nos permitíamos anécdotas; los presupuestos y la proyección de ventas no nos dejaban ratos libres para invocarlas. Ni siquiera con una sonrisa. Pero el hombre, con su naturaleza nostálgica, consiguió que el correo electrónico, el chat, las páginas web sociales y también las corporativas, ampliaran las fronteras. Con el modernísimo movimiento cyber, con la expansión virtual de fronteras, empezaron a abrirse algunos baúles, olvidados quizás, pero no cerrados.

Reaparecieron personas a quienes no había olvidado, pero tampoco había podido ubicar. Así, Adriana, aquella amiga universitaria, que se había ido a vivir a Colombia, entró nuevamente en mi vida. La agregué a la lista de amigos nuevos, en una agenda muy distinta a la que usábamos cuando la había conocido. Necesitaba una adonde entrara su nombre, el número de teléfono de línea de la oficina, el de la casa, el del celular, las direcciones, física y de correo electrónico, también por duplicado, el nick del messenger. También podía, si quería, agregar su fecha de nacimiento, el nombre completo de su secretaria, nombre de la empresa para la cual trabajaba. La agenda tenía todos esos campos para ingresar datos y muchos más para definir y clasificar el centenar de contactos que iba agregando. Eran muchos los nombres y los datos, pocos los que ingresé en categoría de amigos. Categoría era otro campo disponible en la agenda. Adriana fue ubicada directamente en amigos, no le agregué ningún otro calificativo, no era proveedor, tampoco cliente, menos un potencial cliente, ni entraba en la categoría colega. Amigos y listo. No era casualidad que apareciera en mi vida. Porque no creo en las casualidades y porque yo venía hablando de las crisis en el ser humano, evaluando si eran claras y cómo se generaba cada una de ellas. En mi afán de simplificar las cosas, decreté que los humanos teníamos dos crisis muy marcadas. Si los adultos ejerciesen algún tipo de sabiduría, nunca preguntarían a un chico, casi recién salido de los pañales, qué va a ser cuando sea grande. Es ahí donde, a mi parecer, siembran la semilla de la primera crisis humana. Ese chico, a medida que crece, riega la semilla con criterios propios, dudas, vivencias, preguntas de todo tipo y origen, e infinidad de consejos. Cuando se recibe en el colegio y se ve de jeta con el compromiso de convertirse en lo que dijo que iba a ser, o con la necesidad de dar explicaciones si cambió de parecer, es él quien debe levantar la cosecha. La segunda crisis humana, y no creo haber vislumbrado más que dos, se da en lo que consideramos va a ser la mitad de nuestra vida. Esta última tiene varios agravantes con respecto a la anterior.

En la primera, el individuo comparte varias cosas con la mayoría de sus amigos. Casi todos soplan dieciocho velitas en la torta de cumpleaños, a lo sumo diecinueve. Sobre sus espaldas, lleva una mochila con libros, útiles y algún que otro hobby o vicio; y cuenta con varios adultos como referentes, en general sus padres, que bien o mal, hacen de guía. Estos guías, ignorando que fueron ellos quienes les generaron el dilema, dan más consejos, para que el adolescente acelere el paso mientras arma la plataforma de despegue. Saben ya por experiencia que la mejor manera de hacerlo es con determinación y sin bagaje. Es ahí, alrededor de ese momento, en que el guía entra también en crisis. Aportando sabiduría a los más jóvenes se da cuenta de cuánto ha transcurrido de su vida, revive la etapa en la que él tuvo que decidir qué iba a ser de grande, se cuestiona la decisión, replantea la manera en la que fue ejecutando cada paso, y siente cada vez más pesada la mochila que ha ido cargando a través de los años. Sobre sus hombros cuelga un yunque que empieza a convertirse en un ancla. Una estructura que él mismo fue armando y no sabe cómo descargar de las espaldas o si está bien que lo haga.

Si habíamos compartido la primera edad crítica en el ser humano, ¿por qué no retomar y unir esfuerzos para enfrentar la segunda? Entonces llamé a Adriana y le sugerí irnos a navegar por el Caribe. Me tomó un tiempo convencerla de hacer el viaje, pero una vez que nos pusimos de acuerdo en la fecha y el lugar, no había quien frenara los preparativos. En una de mis visitas a Raquel, la psiquiatra, le comenté que por fin había encontrado a mi amiga de la adolescencia y los planes que habíamos hecho. Me pareció entender que se vendría conmigo, aunque yo ya estaba curada de espanto, por amigas que decían tener curiosidad por la navegación, pero que al momento de subirse al barco, comentaban que tenían otros planes o que no les interesaba tanto. Tampoco quería que nadie fuese testigo del rencuentro. La cuestión es que me fui sola al encuentro de Adriana, el cual se produjo con una noche de escala en Miami y, de ahí, nos fuimos juntas hacia Tortola, adonde nos esperaba, ansioso y travieso, el Navenganz. Un velero que cumplió varios roles, entre ellos el de albergarnos durante más de lo planeado. También fue testigo y vía de un cambio radical en las vidas de todos aquellos que lo abordamos. El viaje en sí comenzó con solo dos tripulantes, una colombiana y una uruguaya, con muchísimas ganas de vivir el momento y conversar a fondo y superficialmente hasta quedarnos roncas. Aparecieron confesiones que llevaron a peleas casi irreversibles. De hecho, Adriana en un momento pidió que la llevase de vuelta a Tortola, que se volvía a su casa y que no lograba entenderme. Lo hice y llegó hasta Miami, mientras yo navegaba un atardecer, en solitario, aprovechando que el Navenganz estaba todavía abierto a mis divagues. Además, porque estaba pagado por unos siete días y recién habían transcurrido cuatro. Para recuperar a Adriana, llamé a Raquel, quien estaba en Miami en una convención y le rogué que le pidiese disculpas de mi parte. Lo hizo y ambas se aparecieron en el Caribe en menos de cuarenta y ocho horas. Lo que empezó como una semana de navegación entre dos amigas se convirtió en días de transformaciones para tres mujeres, en lo que reconocimos y agradecimos como la crisis de la mediana edad.

Adriana cambió de pareja, de una mujer a otra; Raquel hizo lo mismo, pero reemplazó un marido por Adriana y yo llegué a la conclusión de que, si bien Bigo era con quien me había casado, mi corazón también se abría e incorporaba a Iannis. Este griego argentino apareció casi como una fantasía y, en poco tiempo, robó una buena parte del órgano latente que ya no cabía duda tenía dentro y muy vivo.

Volví a casa y sentí que varias cosas habían cambiado. Durante mi estadía prolongada en la Argentina, el país había pasado a ser la Europa de Sudamérica para convertirse en el África, apreciación que podría ser injusta con los africanos. Fue el comienzo de documentales en los que veíamos que aparecían estancias custodiadas por ejércitos privados en el norte del país. Morían policías baleados en momentos en los que circulaban como civiles, uno de ellos yendo a la tintorería, otro comprando quesos. Nos dio la pista. Digo nos, pero no sé bien a quién me refiero. Seguro a dos periodistas muy serios que informaban este tipo de situaciones, a mí que miraba sus programas y leía sus columnas, y puede que también al gobierno del patilludo reformado, a juzgar por la rapidez con la que sacaron el programa del aire. Empezó a instalarse ese cáncer que únicamente se puede prevenir con mucha determinación y poca codicia. El narcotráfico ponía raíces en el cono sur del continente, aprovechando la falta de reglas claras y principalmente la falta de seguridad jurídica. A los pocos años, como era de suponer, aparecieron los secuestros, de todo tipo, excepto los secuestros políticos. Argentina se me acercaba a la Colombia de mi infancia. Solo dos cosas eran distintas de aquella vida en Bogotá; era yo quien definía mi lugar de residencia, no mis padres; y era consciente de la situación por la que atravesaba. Además, con la excusa de estar acobijada en un estado de ignorancia infantil no tenía nada que decidir. Por esas cosas que se llamarían suerte o casualidad pero en las cuales no creo, cambié de rumbo y no tuve que enfrentarme a situaciones riesgosas de ningún tipo. Tampoco tuve que pagar rescate por nadie, ni nadie tuvo que hacerlo por mí.

Viajé una vez más a Washington para evaluar la posibilidad de mudarnos. Estábamos en medio de esa decisión, cuando recibí un regalo que poco esperaba de Bigo. Un velero, y un viaje, con él de tripulante, a Colonia. Indirectamente, ese regalo nos llevaría a una mudanza mucho más extraña de la pensada. Al amarrar en Uruguay, Bigo fue a hacer compras en tierra, y yo me quedé ordenando el barco para comer a bordo. Arreglé únicamente la cubierta, y desarreglé mi vida. Tuve una visita que modificó nuestros planes. Oí su voz y temblaron mis piernas. Iannis, subido a la escalera de popa, me dijo que le avisara a Bigo que yo le iba a ser infiel, que me esperaba cuanto tiempo necesitara, y se bajó sin esperar respuesta. No sé si por el temblor o por la mirada, Bigo preguntó qué me pasaba, le conté absolutamente todo lo sucedido durante su insignificante viaje a la despensa de Colonia, y respondió con un silencio que no rompió, inclusive cuando llegó a Paris. Y se fue solo. Habíamos vuelto a Buenos Aires en silencio. Él hizo las valijas y dijo que tenía un viaje, que no era conmigo y que hablaríamos, o no, en unas semanas. Adriana ya estaba viviendo cerca de casa con Raquel, y fue testigo del centenar de llamadas que hice, y mensajes desesperados que dejé a mi marido, el prófugo. También fue quien me llevó a Ezeiza cuando decidí ir en su búsqueda. Fue mi último viaje por Europa, el cual hice con Bigo, después de un rencuentro emotivo, y una unión espeluznante. Duró poco, pero pudo agregarse como premio al millar de recuerdos que acumulamos durante los años en los que estuvimos casados. Bigo murió de leucemia pocos años después, muy poco si se toma en cuenta lo joven que era y lo mucho que nos quedaba por vivir. Pero a tiempo, porque quizás yo estaba por darle más de un disgusto. Porque una vez hecho el duelo, o para hacerlo, me dediqué a programar mi primer cruce del Atlántico.

Además de otras decisiones, decidí irme a vivir al barco. Aproveché para ver si podía comprobar aquello que constantemente repetía a otros. Estaba segura de que con muchísimo menos iba a poder vivir cualquier cantidad más. Y qué mejor que hacerlo sobre el agua, el elemento que más calma me daba y en un ambiente en el cual podía mudarme cuando y adonde quisiera, llevando conmigo todo aquello que fuera necesario para sobrevivir a la mudanza. No más bolsos, no más camiones, no más cajas ni largas esperas en aeropuertos masivos que por serlo debían revisar hasta las suelas de los zapatos de cada uno de los pasajeros.

Busqué y releí la carta que le había escrito a papá unos meses antes de que Bigo muriera.

¡Hola de vuelta!

Sigo con mi locura por la navegación. Pero no me equivoco. O mejor dicho, no estoy equivocada con el enfoque que le he dado. Lo percibí sentada en la cubierta del barco, amarrada dentro del puerto de Buceo, mirando el edificio Panamericano y recordando aquel almuerzo que nos regalaron, mamá y vos, el día de la primera comunión de Ricardito. Ahí arriba del barco, difícilmente podía pensar en otro lugar en el cual quisiese haberme despertado. Tal como lo sentí las dos madrugadas anteriores a ese día. Al igual que las setenta y dos horas previas. Era exactamente lo que quería y quiero vivir día a día. La libertad de elegir el horario y su correspondiente actividad. Un día será escribiendo a las seis de la mañana al borneo, en ese puerto, al siguiente quizás en el mismo lugar, pero leyendo a las catorce. Y una semana más tarde podría estar haciendo algo parecido rodeada por los distintos ruidos de una ciudad como Buenos Aires. Una ciudad por la cual ya no siento tanto rechazo.

No dudo que la soledad me acompañará más de una vez. La tendré a mi lado como hoy tengo a la muerte. Ambas brindándome un día más de vida. Ambas como amigas, ambas quizás amigas entre ellas.

Y de nuevo, mientras te escribo, aparece una tristeza que amenaza con interrumpir, con quitarme la posibilidad de ver siquiera el resultado en las líneas. Impulsando lágrimas, entorpeciendo mi mirada. Repitiendo la simpleza de las palabras de Silvestre: "qué momento difícil este". Fue un día en que estábamos tres matrimonios conversando acerca del significado de las palabras amor y querer. Acordamos, después de horas, que el amor es un sentimiento y el querer un acto de voluntad. Silvestre terminó diciendo: "cuánto me llevo de este desayuno". Ese fue otro momento en el cual se empañó mi horizonte. La tristeza a quien no considero tan amiga, pedía entrar y la dejé. Quizás no sea amiga, pero la consideré como un método de terapia más que necesario para atravesar umbrales de todo tipo. Como el que tanto Bigo como yo debemos cruzar. Y con tristeza, vemos que no es el mismo.

…

Agrego unas líneas porque hoy no tengo dudas de que el camino era distinto. Muy distinto al que imaginé. Bigo se fue a verte, y me alegro de que no haya llevado consigo esta carta. Espero no se haya ido con un contenido similar en mente. Espero no se haya ido para brindarme la posibilidad de cruzar individualmente mi propio umbral.

Un beso enorme,

yo

Ahí estaba. Primer día de vivencia dentro de una libertad total de acción, de concreción de proyectos armados pero no ejecutados, casi se diría que tampoco los he planificado. Con la excusa de que al estar casada me iba a ser muy difícil realizarlos. Ahora sí que se eliminó la última excusa. Quedan únicamente las trabas del conocimiento propio para llevar a cabo todo aquello que tengo en mente. Por partes. Debería empezar y cuanto antes determinar el modo de ingresos y el límite que esto mismo pueda generar en los egresos. Definir un modo de vida. Sin un orden estructural, difícilmente iba a poder llegar al nivel de creatividad que necesitaba para el desarrollo de los distintos objetivos. En paralelo, apuntalar y dedicarme a cada uno de ellos en forma disciplinada, armar una rutina de escritura y fijar deadlines.

Quería también planificar las navegaciones y los estudios correspondientes en base a la obtención de un cruce oceánico. No el Índico, tampoco el Pacífico, casi se diría que estaba obsesionada con el Atlántico. Nací muy cerca de sus orillas, hacia el cual mis idas a la playa me dirigían, hacia aquel lugar adonde supongo me encontraría con papá. ¿Por eso dejé mi vida sobre tierra? ¿Tanta falta me hizo en vida, que ante su incapacidad de ignorarme aprovecho para estar cerca? Qué rebuscado lo mío. Lo compliqué aún más cambiando de barco. Lo hice en menos de un mes. Buscaba cosas distintas, otras en diferente formato. Pasé de decir que estaba lista para empezar mi vida sin Bigo, a decidir que lo debía hacer en un lugar más cómodo al que había elegido. Por lo tanto, en cuestión de dos semanas, el Gurú y yo nos despedimos y estaba en vías de conocer, de manera más íntima, al Painkiller. No elegí el nombre, vino bautizado así. Me recibió con lágrimas. En nuestra primera navegación, dejó pasar unas gotas bastante gruesas tanto por el tambucho de proa como también por cada uno de los acrílicos de la cabina, a través del mástil y no quise buscar más. Se me terminaron los pañuelos para consolarlo, dejé que se desahogara.

Si en algún momento pude reconocer la felicidad, fue unas semanas más tarde. Apoyado en mis piernas tenía un libro y un cuaderno. Sobre mi cabeza, además de un cerebro que por suerte aún funcionaba, una lámpara que iluminaba lo suficiente para permitirme escribir. En mis manos la birome obediente y llena de tinta, lista para responder al pensamiento que me surgiese. Y alguien que me acompañaba desde su silencio, que aprobaba mi accionar aun cuando este pareciera desordenado y errante. Escribía sin ataduras, sin prejuicios y sorprendentemente sin sueño. Y eso que eran las tres y media de la mañana. Qué fácil se me hacía explicar todo por escrito. Qué sencillo era hacerlo cuando se disponía del tiempo y se han reducido las necesidades a lo más básico. Ese día, por ejemplo, había hecho las compras en menos de una hora, me había tomado unos diez minutos para ordenar el barco, organizar lo esencial para el desayuno y el almuerzo. Quedaba el resto de la tarde para producir.

El barco y sus inconvenientes estaban por solucionarse. Aproveché una tormenta que se pronosticaba con bastante viento, para quedarme adentro y ver bien por dónde entraba el agua. Hasta ese entonces, había salido por una u otra razón mientras llovía y al volver, sólo podía ver algunos rastros del agua en colchones húmedos o lo que se acumulara en la sentina. Al oír el primer silbido del viento, llegué a sonreír pensando que por fin iba a tomar las riendas del problema, que era una batalla entre el clima y nosotros, unidos Painkiller y yo, determinados a obtener un futuro más seco. El ruido del viento y los cabos que con él golpeaban el mástil, no me permitía sentir el ocasionado por las gotas que, de a una y desde variados lugares, empezaron a invadir y recorrer el interior de la cabina. Mientras detectaba los orificios ocultos, imaginaba cómo hubiera vivido esto con Bigo y cuantas peleas absurdas se habían generado por el simple desgaste de la convivencia. Imagen que me dio cuerda y no en el buen sentido. Mejor dicho, me disparó para cualquier lado. Y allá me fui con mis pensamientos. Al mismísimo diablo. No escribí ninguna carta, no me daba el tiempo. El embrollo mental no permitía ordenar siquiera un pedido de silla, papel, lápiz y menos de que, lo que quedaba del cuerpo, escribiera.

¿Quién había inventado la unión matrimonial hasta la muerte? ¿Por qué no se había ocupado de revisar bien sus consecuencias? ¿O de darnos un manual de instrucciones en vez de una serie de mandatos que atentan contra la unión misma? ¿Es sensato unirse en todo sentido? ¿A quién se le ocurrió que había que convivir los siete días a la semana y compartir el ciento por ciento de absolutamente todas las decisiones, sean estas de profesión, de entretenimiento, de responsabilidades, de finanzas? Y como si fuera poca la presión, ¡también nos comprometemos a ofrecernos mutuamente variedad y cantidad de momentos íntimos! Y si no se nos ocurre nada nuevo, tampoco podemos ir a buscar en terceros alguna guía sin destrozar el corazón ajeno. Sugiero que se evalúe de manera periódica el tipo de compromiso, las condiciones y el tiempo de duración del nuevo contrato. Si es que se decide su renovación. Punto. Por ejemplo, el hecho de vivir bajo el mismo techo, compartiendo el despertar con los pelos desordenados y el mal aliento después de una tortuosa noche colmada de ronquidos, ¿puede realmente tener algo de romántico y atractivo? Lo dudo. ¿Cómo se supone que uno mantenga el amor de pareja si tiene que ponerlo a prueba cada día con cotidianeidades de poco valor, que aportan casi nada al bienestar común? ¿Cómo iba a sostener el deseo ante tal par de barrigas y arrugas?

Qué manera de enroscarme. Y sin ayuda de nadie. Engrané y me fue imposible frenar por varias horas. Me di manija como cualquier ejemplar atravesando su crisis de la mediana edad. Sin razón y sin lógica. Fumé un par de cigarrillos mientras seguía.

¿Qué clase de relación no sanguínea puede resistir tal variedad de facetas? Se lo llama sociedad conyugal, definición que únicamente se revisa al momento de disolverla, y se critica a aquellos que la inician con un acuerdo prematrimonial. Todos deberíamos hacerlo, y no sólo con lo económico. Podríamos agregar o definir mejor las palabras respeto, en lo bueno, lo malo, qué es considerado infidelidad y por qué diablos existe algo llamado infidelidad. Si es tan común, ¿cómo no logramos encontrarle la vuelta para que no sorprenda, para que no duela, para que no destruya?

Si alguien me es infiel, es porque yo deposité mi fe en él o ella, y esa persona no respondió a mis expectativas. El error, o la falla, están en haber cargado al otro con la responsabilidad de sostener mi fe. Bueno, también en que haya aceptado semejante responsabilidad sin la total certeza de poder cumplirla. Por lo general, esa promesa de fidelidad se hace bajo los efectos de un enamoramiento que, todos sabemos, no perdura en el tiempo. Nos lo dijeron desde chiquititos. Y lo constataron varios estudios. Y lo hemos vivido gran parte de los humanos en algún momento de nuestras vidas. Más daba vueltas, más intenso era el color violeta de las venas del cuello. Reventaban por el esfuerzo necesario para mantener erguida la cantidad de ideas que habían invadido mi cabeza.

Llamó Iannis para invitarme a navegar desde Puerto Montt a la Isla de Pascua. Sería una de mis primeras navegadas en otro océano, mi preludio hacia el Atlántico. Hacía más o menos trescientos cuarenta y ocho grados centígrados el día en que debíamos partir. No lo haríamos solos, el programa incorporaba a varios amigos suyos. Armé y desarmé el bolso más de diez veces. Quería acordarme de todo y que el grupo sintiera que navegaban con una experta o, por lo menos, con alguien a quien no debían cuidar. Minutos antes de llegar al barco, me comentaron que iba casi de polizón porque ninguna de sus familias sabía que iban con una mujer. Sentí entonces que iba a ser cómplice de varias mentiras y decidí bajarme de la lista de tripulantes.

Había cometido un error. Había depositado en otros la ilusión de hacer ese viaje y algunos más, cosa que fue injusta para todos. Ni ellos estaban en condiciones de cumplir, ni yo de proyectar en nadie un deseo tan propio. Ya sea por la vida que tenían armada, o quizás porque no era lo que ellos soñaban, consiguieron frenar el lazo que les estaba arrojando. Su logro no era menor. Y, como no siempre estamos tan lúcidos como nos gustaría, cosas así nos dan el cachetazo necesario para recuperar la cordura. Con el bolso en la mano, pero rumbo a mi hogar flotante, sentí nuevamente esa paz interior que llena cualquier vacío emocional. Pensé en lo que tenía por delante. Días sin navegar pero también días para programar sin necesidad de otros. Retomaba mi independencia. Aunque me daba tristeza saber que un impasse en la navegación era inevitable porque debía adquirir la experiencia de alguna manera que no generara decepciones similares.

Nuevamente tenía tiempo de evaluar lo que fuera necesario para dar los próximos pasos. Lo haría con más tranquilidad, con menos tropiezos. Esa noche salí a caminar y me olvidé de cortar la batería del barco, y como si fuera de carne y hueso, me facturó el descuido. El agua del termo tanque había escapado de su sitio, y se había desparramado por cuanto recoveco existe. Sentí que el barco en complicidad con Bigo, me castigaban porque casi les había sido infiel. Decidí agradecerles a ambos, y comentarle a Bigo cuán difícil iba a ser entablar ninguna relación mientras él siguiera dando vueltas.

¡Hola!

Son las 03:25 a.m., y recién terminé de achicar el agua que se había acumulado en la sentina, (sin exagerar, saqué más de 40 baldes. ¡Qué buen ejercicio de piernas y brazos!). Pude también descubrir cómo hacer funcionar la bomba de achique, y descifrar que toda el agua proviene de la bomba de presión, la cual todavía no funciona, y por lo que veo está emperrada en sacar agua del agujero equivocado. En fin, a falta de agua potable y exceso de transpiración, me di otro baño en el club, no sin antes ordenar el desastre de almohadones, maderas, trapos y balde que había hecho para jugar a la ingeniera naval (creo que no queda centímetro de caño que no haya visto o tocado excepto aquellos tramos que se esconden bajo la estructura de fibra... a esos no los pude revisar, supongo que andarán bien, y si no que se joroben).

Ya limpita y algo cansada (más bien reventada y agotada, pero no quería pecar de victima quejosa porque quien diablos me mando a vivir acá)... te quería mandar un beso y desearte lo mejor.

Bueno, tranca que yo acá sigo con mis actividades. Vos, nada de invadir ni marcar territorio, que ya lo has meado todo, no queda espacio a mí alrededor sin tu marca.

Besos, y… hoy sé que te amo,

Yo

Parte IV

Navegaba cerca de Punta Ballena, sintiendo una paz absoluta Sentada en el cockpit, mirando el horizonte, entendiendo el sonido del silencio, recibí el llamado. Así no más, de un escopetazo, Kiko y Teresa habían puesto fin a sus vidas. Con calma y asombrosa paz ante semejante noticia, giré hacia el puerto y fui en busca de Deliana.

Hacía mucho que no veíamos a los hijos de Kiko, especialmente a Felipe. El salón estaba repleto de gente a la cual no reconocimos de entrada, aunque sin embargo, sabíamos que muchos de ellos habían sido importantes en la vida de mis padres y la de los Muñoz. Es más, si no me equivoco, gran parte de los presentes eran los mismos que, muchísimos años atrás, nos habían despedido en el aeropuerto de Carrasco. Una de las hermanas de Felipe vino a saludarnos y no pudimos dejar de ver en ella una mirada similar a la que tuviera Teresa durante mucho tiempo. Físicamente el parecido era impresionante, tan impresionante como su excelente estado de ánimo. Estaba muy agradecida de vernos allí, muy conmocionada con el hecho, pero repetía una y otra vez que lo veía como un final típico de sus padres. Dijo que los iba a extrañar, pero que sus recuerdos quedarían, al igual que las anécdotas. Los Muñoz y nosotros, buscábamos constantemente anécdotas de los mayores. Mejor dicho de los abuelos, porque los padres no contaban nada. Solo Dios sabe por qué, las historias se saltaban una generación (hay que retomar esto que ya se dijo como "ya dicho"). Continuó diciéndonos que era una lástima que los cuentos de sus hijos se vieran truncados, pero que quizás era el momento de revisar esa maldita costumbre. A ver si nuestra generación se ponía las pilas y empezaba a aclararle cosas a los hijos, sin esperar a que estos dieran nietos. Y, como si estuviera por armar un plan secreto, se acercó y dijo algo en un tono tan bajo que tuvo que repetirlo unas cinco veces. Faltaban unas horas para el entierro y quería que la acompañáramos a ver a mi abuela.

-Es hora de que me abra un poco el panorama. No sé ustedes, pero yo estoy harta de descubrir cosas demasiado tarde. Además, no puedo quedarme toda la semana en Montevideo. ¿Ustedes saben quién era Julia?

-Una hermana, adoptada.

-¿Cómo?, ¿ella era la adoptada?

Dijo que cada vez entendía menos. Ni que hablar nosotros después de su pregunta. Le respondí que mi abuela estaba un poco perdida, que a veces inventaba cualquier cosa. ¿Inventaba, o nos venía dando pistas para que adivináramos verdades sin decirlas en modo directo?

Antes del entierro fuimos a ver a Lena. Evitamos reflejar nuestro dolor al saludarla. A los cien años no sabíamos cómo podía reaccionar, especialmente por la muerte de Teresa, con quien tenían una relación muy especial. Mentiríamos. Le diríamos que se habían ido de viaje, en barco, y no sabían cuando iban a volver. Se negó rotundamente a aceptar que Teresa pudiera irse sin ir a visitarla o llamarla por teléfono. Seguimos mintiendo. Le dijimos también que la habían llamado para despedirse, y podía ser que no se acordara. Con la excusa de que estaba perdiendo la memoria, usábamos el mismo discurso con el que más de una vez habíamos logrado esconder nuestra propia ingratitud. Apelamos a su memoria de largo plazo, la cual se mantenía intacta. Lamentablemente, lo mismo pasaba con la noción de qué era secreto y qué era conocimiento público.

Para ponerla en tema, le comenté que había empezado a escribir una novela basada en hechos reales. Propios y de los Muñoz. Se llevó la mano al pecho, y se aferró a las medallitas que llevaba en la tira del corpiño desde que había muerto su padre. Ochenta y pico años antes.

—Es una tragedia tras otra. Escribí algo divertido. Siempre supuse que mis nietos iban a llevar una vida normal. Querida, no me parece. Vas a poner triste a mucha gente.

Me preguntó si papá no había dicho nada. Cuando le contesté que hacía tiempo que no estaba más con nosotros, se tentó.

—¿Me vas a decir que se murió?

Le dije que sí, que hacía años, y que no empezara a preguntar por más personas. Siempre hacía lo mismo. De su generación, ya no quedaba nadie. Si quería jugar a las cartas o tomar un copetín, iba a tener que llamar a los de setenta y pico u ochenta. A lo cual respondió que no le gustaban los viejos. Prefería que fuera gente joven a contarle cosas nuevas. Como esa vez que Kiko, Teresa, papá y mamá habían ido a su casa para preparar un supuesto casamiento entre Felipe y Deliana.

—Parecía que se casaban ellos, no los chicos. Los hombres estaban más divertidos que las mujeres armando la lista de invitados. Discutían animados si la recepción iba a ser en el golf o en Carrasco, si antes del casamiento no sería lindo organizar un torneo de tenis, tu madre se mostraba algo distante con la relación que papá y Kiko insistían en llevar al altar. Teresa les decía que se habían largado a programar algo que nadie había pedido.

Me preguntó qué decían ellos de mi libro. Le respondí que otra vez me preguntaba por gente que ya no estaba con nosotros. Esta vez no lo tomó tan a la ligera. Preguntó por qué no le habíamos dicho nada. Insistí.

-Me estás macaneando. Me dijeron que se habían ido de viaje.

-No sabíamos cómo decírtelo.

Nuevamente aferrada a las medallitas, bajó la cabeza. Supusimos que iba a rezar, pero no fue así. Pidió disculpas a su hermana Julia, y se largó a llorar.

Nunca la había visto tan afligida, e imaginé que sería el final de una historia que no contaría. Sin embargo, cuando pudo recuperarse, pidió que la llevara a una iglesia. Dijo que ella había perdonado a todo el mundo, pero había una persona que todavía no la había perdonado a ella. Quería hablar con un cura. Le prometí hacerlo al día siguiente y empezamos a levantamos para dejarla tranquila. Con su mano libre pidió que nos sentáramos. Nos ofreció otro café, y una anécdota. Mas bien una aclaración.

Julia, su hermana mayor, no había sido adoptada. Resulta que, a nuestra bisabuela, le daba vergüenza reconocer lo que había hecho Julia, su hija mayor. Por esa razón, había pedido que nunca más la mencionaran, ni en su casa, ni en ningún otro lugar. A Julia no la habían mandado a Francia por el idioma, ni para que dejara de ver a su novio. Tampoco era Francia adonde la habían mandado. Había sido llevada al interior, a un hogar, a raíz de un embarazo no deseado, de un hombre que no era su marido. Con quien ni siquiera estaba comprometida. Cuando fueron a despedirla a la estación de tren, mi abuela había llorado con las palabras que su madre utilizara al tratar de consolar a la viajera forzada. Le había dicho que olvidaría el percance en pocos años, y volvería a tiempo para empezar otra vida.

Todas sabían que aquel era el deseo y el mandato de mi bisabuela, no así el de Julia. El embarazo había transcurrido sin inconvenientes. Recién durante el parto, se había enterado de que no podría ver al bebé. Que iba a ser mejor de esa manera. Había tratado de incorporarse a mirar, pero le había sido imposible. Una sábana habría servido de filtro a la vista, un número importante de enfermeras retuvieron su impulso materno. En vano, Julia había implorado ver aquello que sentía. Sin embargo, el recuerdo de ese día nunca sería, para ella, más que el llanto que emitió su hija al recibir la palmada de bienvenida. Mientras se recuperaba para volver a Montevideo, Julia se había enterado por cartas de mi abuela de que todo estaba arreglado y que lamentaba mucho no haber podido intervenir. Su hija, bautizada Teresa, iba a ser adoptada por el padre verdadero y Virginia, una amiga de las dos, una compañera de tenis de mi abuela, de póker, de té danzantes en el Palacio Salvo, y de idas en tren al colegio. Virginia se convertiría en la madre de Teresa. Sin derecho biológico alguno, esa otra mujer compartiría un sinfín de momentos con la beba de Julia, la sobrina de Lena, la futura mujer de Kiko. Era como estar mirando los capítulos finales de una telenovela. Hasta Ricardito se quedó sentado durante todo el relato.

Lena siguió.

—Unos meses después de haber vuelto a Montevideo, apoyada contra la baranda del balcón, Julia vio pasar el cochecito. Virginia llevaba a Teresa al mar.

Y estaba siendo empujada por aquella persona que le daría el amor que ella debería darle, el amor reservado y que con placer brinda toda madre. Julia esperó a que doblaran la esquina. Agachó la cabeza hasta no sentir que sus pies tocaban la piedra fría del piso del balcón, ni sus manos la baranda. Cerró los ojos y se dejó caer. La hermana de Felipe preguntó:

—No entiendo de qué pedís perdón, Lena.

—De vivir como si todo aquello fuese de lo más natural. De haber estado en la playa con tu madre ese día y muchos otros, de ver los cochecitos juntos, y de haber callado.

Habíamos conocido a Virginia como la madre de Teresa, y también como aspirante a jugadora de canasta en la mesa de los miércoles de Lena. Según los relatos de Virginia, ambas habían compartido ilusiones, torneos, bailes, paseos en el vapor de Buenos Aires a Corrientes, clases de piano y muchas otras cosas que Lena negaba rotundamente. Nunca quiso recibirla en el grupo de cartas, tampoco la invitaba a comer cuando iban Teresa y Kiko. A mi criterio, Virginia y mi abuela simplemente no congeniaban. Jamás hubiese imaginado que la madre de Teresa era también una alcancía de secretos. Hasta ese entonces, era una característica exclusiva de nuestros antepasados.

Volvimos justo a tiempo para ver salir los cajones con los cuerpos de Kiko y Teresa. Estábamos anonadados. No se me ocurre otra palabra que describa mejor el estado que teníamos Ricardo, la hermana de Felipe y yo. Deliana se mantenía indiferente Insistía con que era un invento, que no podía ser verdad. Mamá se acercó. Seria, muy seria. Juraría que se dio cuenta de lo que habíamos hecho y de lo que estábamos pensando. Por un momento quise preguntarle cuánto sabía. No me dio tiempo y rompió el clan, tan enojada que supe la respuesta. Nos retó, poco convencida, y nos dijo que éramos unos mal educados, que podíamos mostrar un poco más de respeto. A la hija de Kiko le dio un abrazo interminable. No lloraron. Nunca en público. El dolor que vimos en las lágrimas contenidas de ambas, fue todavía más fuerte que cualquier sollozo.

Una vez más en nuestras vidas, caminábamos con mentes colmadas de preguntas desconociendo cuándo, ni quién respondería. Sin salir de nuestro asombro, pasamos del velorio a la capilla, de la capilla al entierro. Tal cual lo hemos hecho en otras ocasiones; aunque rara vez acompañábamos dos cajones y nunca habíamos dejado a nadie en el altar. Antes de salir, vimos que los hijos de Kiko y Teresa, junto con sus familias, subían las escaleras. Los seguimos. La relación había cambiado, aun cuando no supiéramos en qué sentido. Al acercarnos a darles el pésame, vi que Ricardo palidecía. Del otro lado del altar, se podía distinguir la figura de Felipe. Quieto y con la mirada fija en el piso, abrazaba a su hija mayor, de unos seis años. Ambos lloraban sin consuelo y, delante de él, la menor, en brazos de la madre, inquieta, tratando de acercarse al cajón que había quedado sin enterrar. Sus bucles rubios dejaban entrever unos ojos verdes, aunque permitían distinguir una sonrisa juguetona, una risa contagiosa. El parecido era sorprendente. Estábamos nuevamente en el garaje de los Muñoz, pretendiendo no ver la tapa del baúl a medio abrir, e Ignacio corriendo hacia su escondite favorito.

Pensé en mis ataques de pánico o de miedo al miedo o lo que fuera que se había apoderado de mí no hacía mucho. Hasta que pude atravesar la línea imaginaria que yo misma había dibujado, convencida de que era la mitad de mi vida. Recordé, de manera objetiva, la desesperación que había sentido. La parálisis al enfrentarme con lavar un vaso o abrir la puerta de casa. Aunque no transcurrió mucho tiempo entre que el miedo tomó control de mi vida y que me lo devolvió, la intensidad de esas emociones ficticias, estuvieron a punto de anular años. Si hubiese dejado que el miedo se apoderara totalmente, podría haber seguido el mismo camino de Julia y la poeta Alfonsina. O de Kiko y Teresa. Personas que habían optado por eliminar una tortura generando otra. Resolviendo quizás dilemas de generaciones anteriores, pero creando nuevas incógnitas a quienes quedaban en el camino. Decidir entre dos males, lleva a un grado de desorientación, que se puede optar directamente por el suicidio. Algo tan simple y tan irracional como una decisión autoimpuesta, tiene la fuerza de llevar al ser humano a terminar con su propia vida. Tal es la desesperación del que siente esa angustia. Había llegado a sentir que la única manera de pasar el pequeño maní estancado en el esófago, de frenar el acelerado paso del corazón, iba a ser dormir para siempre. No me convencía, pero no veía otra alternativa. Hasta que alguien había mencionado el aquí y el ahora. No recuerdo cuándo ni quién fue, pero sí mi asombro por la simpleza del concepto y la calma al sentir el abrazo contenedor del tiempo. Abrazo que me sostuvo antes de saltar, quizás no hacia el vacío, pero sí al pozo incorrecto; e hizo que girara sobre mis propios talones para observar, con felicidad, el camino que quedaba por delante. Así conocí la navegación. Y a vivir un paso a la vez enriqueciéndome con cada uno.

Por una fracción de segundo, creí entender las muertes de Kiko y Teresa. Hasta llegué a alegrarme por ellos. Julia dejaría de imaginar a su hija, podría mirarla y abrazarla, sin juzgar, ni ser juzgada. También Ignacio los estaría esperando, planeando alguna travesura, que sin duda perdonarían. Y mil sonrisas, en caso de que no lo hicieran.

Un año después de la muerte de Kiko y Teresa, despedí llorando a Lena. Con una mezcla de tristeza porque hasta ahí llegaban los momentos para compartir y porque no la había acompañado todo lo que a ella le hubiese gustado, y de felicidad o paz, porque en los últimos días pidió enojada que la dejáramos descansar. Dos cosas que nunca sucedían. Que se enojara y que se quisiera quedar en la cama. Sumado a todo eso, no me quedaba más remedio que dar rienda suelta a mi proyecto. Para escribir cartas no tenía que quedarme en Montevideo.

Salí del cementerio detrás de mamá, que había venido para ayudar a cerrar ese importante capítulo. Me pregunto qué iba a hacer yo, si quería ir un tiempo a Washington.

—No tengo más excusas mamá. Salgo de una vez por todas.

—¿Y cuando me vas a visitar?

-Calculá que son unas siete mil millas náuticas. Llegaré en dos o tres años.

Cómo su hija mayor podía contestar con semejante idiotez la superaba. Se lo contó hasta al kiosquero. ¿Podían creer que a la edad que tenía iba a salir a buscar tormentas en medio de un océano en vez de dirigirse a un aeropuerto y llegar en unas horas a visitar a su madre? A casi nadie le gusta estar en el medio de una discusión familiar y por lo tanto, las quejas de madre se fueron con el viento. Y volvieron. Por mail, por teléfono, por telepatía. Ella en algún momento se tendría que mudar porque así, en esa casa tan grande, sin papá y sin ninguno de nosotros, no podía seguir. Algún día se iba a romper algo, y no iba a poder avisarle a nadie. ¿Cómo íbamos a sentirnos cuando entráramos en su casa y la viéramos desparramada en el living? Difícil que pasara eso porque cuando estaba sola, únicamente se movía de su cuarto al family, del family a la cocina y de la cocina al garaje para salir. Que se cayera en el living era una hipótesis poco probable. Tampoco podía irse porque la única opción válida era un departamento. Que tenían gastos comunes. Pero si no se mudaba, la casa le iba a costar una fortuna en unos años. Porque iba a tener que cambiar el techo y seguro que se rompía el aire acondicionado que tenía sus años. Y si se mudaba, perdía la visita continua de mis hermanos con o sin sus familias. Porque a los departamentos no iban a ir, les iba a dar pereza. Las proyecciones de lo que podía pasar, en un sentido u otro, eran infinitas. Hasta no resolver lo irresoluble, ella se quedaría allí agregando ítems a la lista de conflictos que aún no lo eran y quizás nunca lo fueran.

Cuando no nos atrevemos a tomar una decisión, encontramos o inventamos cuanta excusa nos permita paralizarnos. Yo no lo haría; prepararía mi navegación en altamar.

Ignacio, ¿cómo estás?

No sé si bueno o malo, ¿pero a vos ya nadie te pregunta nada? Allá las preguntas las hacen los que llega, para decidir si vuelven. Los cuestionamientos ajenos se hacen acá únicamente. Porque yo sé dónde estoy, pero no tengo idea hacia dónde me dirijo. Vi esta frase anterior en algún libro y la utilicé como respuesta a cuanta pregunta me hicieran. Me identificaba con ella, sin perturbarme por la ambigüedad que transmitía. Hasta podría decir que, muy a pesar de quienes exigían una definición en cuanto a mis planes, a mí me tranquilizaba. ¿Por qué iba a ser más clara? Si el viaje que programaba era un signo de pregunta. ¿Ves? Escribir me aclara.

¡Besos y gracias!

Yo

Dejé el lápiz con el que le escribía a Ignacio y tomé en mis manos el mapamundi. Tracé el recorrido con el dedo. Annapolis a las Azores, luego Canarias, Cabo Verde, Salvador Bahía, Angra y La Paloma. Era un signo de pregunta un poco recto en su parte de arriba, de lo contrario, casi perfecto. Podía luego seguir, en una segunda etapa, con el signo de pregunta al revés, cerrando el ciclo. Montevideo, Ciudad del Cabo, Santa Helena, Fortaleza, Caribe y Annapolis. Me entusiasmaba el concepto de navegar preguntando. Al son del signo de pregunta. Empieza con una vuelta redonda casi perfecta, no completa el circulo, se mantiene abierto y concluye con un simple punto. Y vi, con claridad, el signo de pregunta dibujado en el mapa.s